每個孩子
都有小特別

林煜涵　著

目次

004　推薦序：特別的愛！給特別的你，因為孩子們給我們許多勇氣與愛！／呂忠益

006　推薦序：教養真的有祕訣嗎？／張旭鎧

010　推薦序：帶領孩子走向更豐盛的人生／陳鴻睿

012　推薦序：解決親子教育的困惑／蘇文清

014　自序／林煜涵

020　慢飛天使（發展遲緩）
咀嚼能力 # 刺激不足 # 分離焦慮 # 生活自理

036　快閃高手（過動症）
動作過大 # 搶快搶贏 # 超愛說話 # 亂拿東西

054　超慢郎中（注意力不集中）
發呆恍神 # 忘東忘西 # 警醒度差 # 動來動去變換姿勢

072　星星公主（自閉症）
嚴重固著 # 自言自語 # 社交問題 # 我行我素

088　暴龍勇士（情緒障礙）
失控易怒 # 行爲問題 # 極端教養 # 運動用藥

106　風格女俠（亞斯伯格）
挫折忍受度差 # 缺乏同理心 # 緊張焦慮 # 抽象思考

126　技能小將（學習障礙）
愛說謊話 # 抗拒上學 # 學習成就低

144　羞怯王子（高敏感兒）
適應能力差 # 不願嘗試 # 選擇障礙

特別的愛！給特別的你，因為孩子們給我們許多勇氣與愛！

呂忠益

社團法人台灣陽光天使職能治療兒童發展關懷協會

創辦人暨理事長

「爲什麼孩子二歲還不會走路，不會說話啊？」

「兒子讀幼兒園，老是跑來跑去，坐不住，好過動？」

「女兒怎麼教就是不專心，學不會，怎麼辦？」

「小朋友情緒好固執，突然大暴走，爲什麼？」

這是我在巡迴演講與培訓時，常常被家長與老師問到的問題，其實超有效的職能治療實證醫學都可以幫上大忙的！

我們職能治療師每天都在照顧許多發展遲緩、自閉症幼兒、過動症兒童、情緒問題孩子、學習障礙學生……每個孩子都需要職能治療師的專業評估與訓練，通常只要三個月的職能治療專業介入，搭配家長與孩子的居家練習，小朋友都會大大進步，學習力提升！

我非常欣賞煜涵職能治療師的努力與用心，一直陪伴需要職能治療專業協助的家庭與孩子們，二十幾年來始終如一，滿滿愛與熱忱，眞的令人非常感動！

煜涵職能治療師運用超過二十年的臨床經驗與家庭故事，完整介紹各種類型孩子的發展情況與重點，也分享好玩的遊戲和活動，幫忙孩子們大腦全方位成長！

感謝煜涵職能治療師一直守護在孩子們身邊，眞的是大家的福氣！

這本書眞的好看又實用！煜涵老師好認眞用孩子們的發展故事來說明，引導我們看見問題所在，還有附上重要的「關鍵忠告」與「祕訣」，眞的太棒、太棒啦！

這本書適合所有爸媽都買來看，也可以做爲兒童教育、幼兒發展、早期療育等相關工作夥伴的參考書！

也是支持特殊兒家庭的心靈雞湯啊！

請大家告訴大家，一起分享，一起幫助需要的孩子與家庭！

推薦序：教養真的有祕訣嗎？

張旭鎧
職能治療師

　　想要成爲一名合格的職能治療師，需耗費四年的大學課程，涵蓋課堂學習以及實際實習經驗。隨後，必須通過國家考試，才可正式投身職能治療領域。儘管課程內容和科目經過嚴格審定，雖大同小異，但每年畢業的治療師，各自展現獨特風采，彰顯個人特色。這也正是我面試新人時的樂趣所在，期盼探究新進治療師如何爲診所帶來與衆不同的風景。

　　那年，診所急需新血，正在翻閱各方寄來的履歷時，突然間，同事指著一份履歷驚呼：「這是我大學同學！」我仔細看著履歷內容，他有著不同的經歷與專長，讓我彷彿陷入了某種魔咒，可能我認爲「有關係可能更容易溝通」，或者對於他的「特別」充滿著好奇，出於這樣的想法，我選擇了錄用這位治療師。而就是這樣的一個決定，我認識了林煜涵職能治療師。

　　煜涵老師的加入，宛如一道璀璨的黎明，爲我們的診所注入了嶄新的活力。我們的專業服務對象是身心障礙兒童，這包括了發展遲緩、過動症、自閉症光譜以及學習障礙等。這些小朋友通常已在多家醫療機構接受過治療，因此對於各種療程已瞭若指掌，然而這反而對治療師構成了挑戰。我們必須想方設法激發孩子的治療動機，因爲只要孩子對治療活動感到乏味，整堂療程很可能就變成了一場哄孩子的時間。然而，這對煜涵老師而言卻絲毫不成問題。他不僅擁有卓越的專業技能，更融合了與衆不同的個人魅力，總能夠引起孩

子們的興趣。這使得孩子們能夠在歡樂的氛圍中參與治療活動，煜涵老師的存在使得治療更加有效率。對於我們而言，這也帶來了意想不到的收穫：孩子們不僅開始期待治療，還積極督促父母帶他們參與課程。這不僅減少了請假的情況，更提升了診所的業績。

隨著時間的流逝，煜涵老師另有高就，雖然內心依依不捨，但更多的是深深的祝福。我們衷心期盼著，煜涵老師能在更廣闊的舞台上繼續幫助更多的孩子。多年後，我們驚奇地收到了一則消息，那是關於煜涵老師要出書的喜訊。更令我們感到榮幸的是，我們得以率先一窺這本名為《每個孩子都有小特別》的著作。

這本書可以說是煜涵老師多年來經驗的結晶。他以深入淺出的筆調，親切平易的口吻，詳細描述了各種不同孩子面臨的問題，並透過自身的豐富經驗，解釋了幫助這些孩子的方法。更難得的是，他不僅專注於孩子的成長，也關注著家長在日常生活中與孩子相處的方式。這與一般教科書式的教養書不同，文章處處都有引人深思的地方。

我最深刻的印象來自於第 33 個祕訣，「善用孩子的喜好，建立鼓勵的概念」。雖然這個理念與我自己的想法相符，但卻和煜涵老師的方法有所不同。他在書中提到：「可以把喜歡且有動機的選擇放在『後面』，讓孩子能夠趕快做完不喜歡做的事（吃不愛吃的食物），再從事喜歡的興趣（吃愛吃的食物）。有了「『喜歡』」的吸引，較有動機讓孩子將不愛的任務完成，這是一種鼓勵的概念。」然而，我的作法則相反，我總是從孩子最喜歡的事情開始著手。

還記得我兒子小時候，有一次我們全家在享受晚餐後的葡萄時，兒子堅持要把最大顆的葡萄留到最後吃。因此，他

先開始吃小葡萄，但到最後發現，他每顆吃的都是「盤中最小的」！後來又發生了類似的情況，我鼓勵他從盤中最大的葡萄開始吃。然而，令人意外的是，他發現他吃的每一顆葡萄都是「盤中最大的」！我好奇地問他，他喜歡哪種吃法？他告訴我：「我喜歡一直吃最大的，每一顆都覺得特別好吃！」這讓我重新思考起一個問題：到底應該把「喜歡的」事情留在最後處理，還是應該優先「解決」掉？這個問題讓我在閱讀煜涵老師的這一章時，深思許久。

而在祕訣95「強化優勢能力，放下弱勢的學習」中，我特別重視「強化優勢能力」的觀念。近年來，尤其是在目睹身心障礙高職學生在就業過程中所遭遇的困難後，我更深刻地體會到，若能從早期發現並培養他們的優勢能力，將可能為他們的未來打造一條更寬廣的道路。這些特殊孩子如果能夠從小就意識到自己的優勢，並且加以精心培養，或許不僅能夠獲得一項獨特的技能，甚至可能在該領域更加卓越，從而實現獨立生活的目標。

然而，作為父母的我們常常會希望孩子能夠順應現有體制，並與同儕一同競爭。我們不僅期望他們在考試中表現優異，還希望他們能夠進入優秀的學校。我們常常認為這樣的選擇可以確保他們未來的生活，但卻忽略了這樣的做法可能會為孩子帶來壓力，也忽略了孩子可能本身具有的優勢能力。

因此，就如同煜涵老師所描述的，每當與特殊兒童的家長交流時，我總希望他們對孩子能夠「找出優勢」，將優勢「培養成興趣」，將興趣「建立成專長」，那麼這項專長可能就足以讓孩子賴以謀生，而爸媽在教養的路上也能夠更輕鬆！

在我看來，這本書絕非只是一本關於特殊兒童教養的指

南，也不會是一本「兒童使用手冊」！相反的，我認為這本書具有更深層的價值，它應該被視為一本值得父母細讀和深思的「教養聖典」。透過這本書，我們可以結合自身的教養理念，反思我們過去的做法，並重新審視我們的教養方式。

閱讀這本書後，您可能會意識到一些過去看似合理的教養方法實際上並不適切。這將促使您做出一些必要的調整，以更適應孩子的發展需求。同時，您將對於那些被書中所提倡的適當教養方法充滿信心，因為這些方法已經經過煜涵老師的經驗和實踐，被證明是有效的。

因此，我誠摯地建議您一同來閱讀《每個孩子都有小特別》，您將為自己的教養之路注入更多的智慧和深度，讓您成為更有自信和能力的優秀家長。

推薦序：帶領孩子走向更豐盛的人生

陳鴻睿

布布童鞋創辦人

在期待小生命降臨的孕期，我們會常翻閱各種新生兒照護書籍，深怕在寶寶出生後，面對寶寶各式不適狀況，只能手足無措的乾著急。養育孩子初期，對於孩子生理上的各種變化，我們大都是透過書籍學會如何照料這個稚嫩的生命，但透過閱讀學習往往都能將寶寶照顧得很好！

然而，當孩子長大更多參與到我們的生活中，我們是否仍繼續翻閱書本，去學習如何與日漸成長的孩子相處？

孩子開始學會說話，擁有了自己的主見時，有些孩子可能會出現難以控制的狀況，譬如容易失控易怒或挫折忍受度差。面對這些情形，我們往往不知如何因應，僅能以拉高聲量的訓斥來應對。

但錯誤的互動模式只會讓親子關係日益緊張。

這時候，我們應該重新拾起書本，學習如何教養孩子，從關注孩子的生理，轉向關注他們的心理。

在此，我極力推薦閱讀林煜涵職能治療師所著的《每個孩子都有小特別》！

身為一位兩個孩子的父親，我自己在與孩子的溝通上，也曾經遇到困難。當時，我蒐集許多兒童書籍，花了不少的時間才歸納出自己的孩子個性特質，進而透過書中教授的知

識逐漸掌握如何與孩子正確地互動。

然而，你現在不需要像我一樣，透過閱讀十幾本書籍才能得到這些育兒經驗。

這本書已經幫你將所有特質不同的孩子清楚分類，並且利用實際案例讓你學會如何與各種特質的孩子進行正確互動的技巧。你只需要讀這本書，就能知道如何與各種特質的孩子建立良善溝通的正向循環！

想當一個好好說話而非整天不斷拉高分貝大聲斥責的爸媽嗎？

將《每個孩子都有小特別》放在客廳隨手拿得到的地方，每當你照顧孩子開始出現情緒時，立刻拿起來翻閱看看如何逐步放下情緒，正確與孩子互動！

《每個孩子都有小特別》是我熱情推薦給每一位父母的書籍，希望這本書能助你在育兒之路上，帶領孩子走向更豐盛的人生。

推薦序：解決親子教育的困惑

蘇文清

陽光種子職能治療所所長

《每個孩子都有小特別》書名一開始就表露出每個孩子都是獨立的個體，有獨自的個性、獨自的處事方式、獨自的學習模式，同時也告訴身為大人的我們若能深入了解每個孩子的小特別，就能輕易理解孩子、教導孩子，並且能從中解決許多親子教育所帶來的困惑。

我與林煜涵職能治療相識多年，從高中一直到現在，從學生身分到治療師角色，再升格為人父，不同時期交流不同的心得，林煜涵職能治療師唯一不變的就是對人的暖心，以及對事的細心。每每相處下來總會有許多不同的收穫，尤其是對於兒童教育、教養與治療這個領域，更有許多獨到的見解與建議。

同時林煜涵職能治療師更擅長在衛教諮詢過程中，以自身的經歷、治療師的專業、家長的角度述說著如何與孩子的相處之道。現在他更把多年經驗融入在這本書中。

《每個孩子都有小特別》透過目前常見的八種類型孩子，以實際案例的故事分享，融入教育的思維與治療的觀念，分析這些孩子出現狀況的可能因素，再提供臨床的策略與手法，並在每個建議策略中給予各項「祕訣」讓讀者可以輕易熟記與理解，讓教育、教養上都能有效率的實踐。

《每個孩子都有小特別》對於目前處在未知的家長，會是一本很好的教養書；對於目前處在茫然的家長，會是一本

很棒的指引書；對於目前處在緊繃的家長，會是一本很優的
教導書。

自序

林煜涵
職能治療師

起源

　　時代不斷進步，孩子在現代卻越來越多大大小小的問題，父母親期待家中的寶貝到來，除了擔心科技帶來的環境污染、３Ｃ過多的藍光刺激、食品添加物無形的傷害之外，還要擔心時代變遷所改變的教養方式以及符合流行趨勢的教育課綱，同為這個時代的父母，真的能感同身受的察覺為人父母的偉大與辛勞。

　　能確定的是每個孩子都是獨一無二的個體，當然也會有獨特的個性與氣質，這個與生俱來的特質是好是壞，端看用什麼樣的角度來看待。正面的思考，孩子就是勇者無懼、愛恨分明、當機立斷、謹慎小心、機警敏感、專注堅持、固守己見，而用負面的角度來解讀就呈現出膽小退縮、婦人之仁、優柔寡斷、粗心大意、漫不經心、輕易放棄、冥頑不靈。

　　所謂氣質沒有好壞之分，只是由氣質延伸出來的行為、語言、情緒及社交能力，若是過於特立獨行，往往會讓孩子在團體當中顯得「特別」（不見得是好或壞）。這個資訊爆炸的年代又似乎特別強調「個人特色」，才會有這麼多的網紅、公眾人物常常在自媒體或社群上大放厥詞或做出聳動的行為，大人能夠為自己的語言以及行為負責，而純潔的孩子就像張白紙，在還沒有能力分辨是非對錯與善惡的時期，父母對於孩子的發展與成長的監督就很重要。

過去在臨床看到許多孩子身處在不同環境、不同家庭，好的壞的、善的惡的，都有受到原生家庭的影響。我始終相信孩子還小，可塑性是大的，若是有些小特別、小惡習、小調皮、小判斷錯誤，都是能夠被社會大眾所包容與接受的。但倘若這些「小特別」會隨著年紀不斷的被強化，甚至間接影響到自身的學習、人際以及世俗的眼光，是否能趁小來調整訓練，讓這些「小特別」不那麼醒目，那孩子所需要承受來自外界的壓力是否就能少些？甚至晚些？到他擁有足以承受的能力！

初為人父

　　雖然身為治療師，每天十二小時都在與孩子相處（那時早上進學校，中午晚上在診所），但知道即將成為父親的那一刻，心裡是非常的複雜與矛盾的。開心的是盼了許久終於與自己的太太有了愛的結晶，矛盾的是十個月後就升格為「父親」，我夠成為一位「能勝任」的父親嗎？教學生沒問題，教自己的孩子夠耐心嗎？夫妻能夠在教養上相互溝通協調嗎？

　　媽媽從懷孕的那一刻起，就在調整健康的飲食習慣、良好的生活作息，犧牲了許多原本的興趣與嗜好，而爸爸我呢？一樣工作十二小時、一樣假日去接婚攝、接演講，感覺上，感覺好像只是多關心太太並且陪伴產檢、準備孩子即將出世後使用的用品，除此之外似乎不知道還能做什麼？就這樣經歷了媽媽嘔吐、差點妊娠糖尿病，又安胎了近一個月，健康的寶寶終於出生，也辛苦偉大的媽媽！

為父則強

由於媽媽在結婚時特別強調「決定不會放棄工作來當全職媽媽」，所以經過兩個月的坐月子（一個月在月子中心一個月在家裡），媽媽便回到工作崗位上！由於父母年邁不方便帶小孩，只能藉由親友的介紹，把小寶寶安排給保姆來照顧，早上我負責送、晚上媽媽接。

媽媽下班就可以與孩子相處，但我就像個假日爸爸，回家都十點，孩子已經上床。為了讓我每天有時間與孩子相處，媽媽會刻意把寶寶洗澡跟睡前的一餐（喝奶）留給我，即便出門超過十二小時，一身的疲憊，我還是會完成每天與孩子這段親密的相處時間！

深怕孩子在保姆家缺乏應有的刺激，所以假日一定盡量推著孩子出門，看山看海、吹風曬日，雨天就跑賣場跟商場。果不其然孩子在發展過程雖然沒有嚴重的落後，但以「治療師」對發展的高標準，孩子的確在許多發展里程上有明顯的「稍慢」：在學坐、爬、站立、走路上都有慢些。而且在二歲以前就有明顯「好動」、「過度害羞」、「不喜歡眼神接觸」，甚至莫名的「固著性」──商場一定要自己按電梯；回家一定要自己開燈；玩具有固定的排法；堅持度特高，沒有看過、吃過、玩過、到過的任何事物一律「不要」！

開玩笑，我是老師，怎麼可以有個「落後」的孩子，只要下班、放假有時間，三不五時幫孩子做許多的訓練與加強，媽媽也在孩子兩歲左右全職照顧，甚至安排至我的診所做早療訓練（好動、注意力差、不與人互動），拜託自己的學弟妹來多多幫忙自己的孩子！

將心比心

16

對於自己的孩子是否需要「評估」？專業的同事們也意見分歧，有人覺得評個心安比較實際，有人卻覺得有意識到問題來做早療就夠了，不見得要去醫院跑這個繁雜的流程（那個時候不需要評估報告）。

　　最終跟太太達成共識，以「預防勝於治療」的概念先拉抬孩子的能力為重。身為爸爸的我，這陣子特別多聽聽過來人父母的聲音，甚至告訴這些無助的家長們要堅強，我自己的小孩也在做早療，大家一起互相鼓勵！

　　上了早療幾個月，的確發現孩子在許多部分（大小動作、口語表達、社會互動）都明顯的進步了。不過孩子似乎是「人前人後」，在治療的空間因為老師的要求都能配合表現，一旦離開了這個場域就選擇「做回自己」。

　　意識到治療與教養同等重要，我們把孩子的教導重心重新放回家裡及生活環境，此時的我在進入學校與診所過程中，看到許多「症頭」與家裡的翔翔相似的孩子，真的更能感同身受。

　　在思考跟建議學校老師與家長的過程，我除了能客觀的站在一個治療師的立場，更能主觀的由身為父親的角度來看孩子的問題：「如果翔翔在家也是如此，我會如何教？」、「這個孩子出現跟翔翔一樣的問題，上次我跟媽媽是如何處理的？」，似乎對於我的工作本身以及教養孩子的過程有了很大的啟發與幫忙。

愛與分享

　　一路上，我陪著自己的孩子與學生一起成長，翔翔三歲那年我們有了斑斑，差四歲的他有著跟哥哥天南地北，甚

至完全與眾不同的個性。哥哥表現的是害羞、敏感、慢熟、懼怕社交，而弟弟顯現出的是勇於冒險、大方、面對學習與喜歡互動，但每個孩子都有自身的優缺點與不同的特質，就像我跟媽媽各自的影子樣貌。

這時候哥哥已經因為時間無法配合而停止了早療的訓練，媽媽也因親自帶兩位孩子而心力交瘁。接下來的日子，我們夫妻花更多時間的溝通與協調，為了讓孩子變成「理想中的樣貌」而整天唇槍舌戰，最終一切都還是為了孩子好。

我們溝通分攤了家裡的工作以及對待孩子的責任，生活品性由她主導，能力特質由我培養，對於孩子本身的不足，我們一起一致要求訓練。慢慢的，哥哥漸趨穩定成熟，也改變了許多因為「先天」讓他無法適應學校生活的能力，而弟弟就照著相同的軌跡一同訓練與要求。

我們發現即便學校的老師再用心、周邊的親友再認真，孩子真正改變的關鍵在於「夫妻（或主要照顧的家人）」。再把如此成功的經驗如實分向給我學生的家長、老師，這就是這本書完成的動機，期望父母都能一同努力來讓孩子成為我們理想中的孩子。

慢飛天使

發展遲緩

\# 咀嚼能力

\# 刺激不足

\# 分離焦慮

\# 生活自理

第一次看到小柔，是一個就讀中班、非常文靜的孩子。眼睛大大的，面容充滿仙氣，重點是當天服務的孩子並不是她，而是同班的特殊生！會注意到她的原因是由於正值午餐時間，中班的她卻只拿著奶瓶喝「奶奶」，跟老師了解後發現又是一個「隔代教養」的個案。

　　我走過去問她：「怎麼不跟大家一起吃午餐？」她只是眼睛骨碌骨碌的打量我，並且害羞的繼續喝奶。原來小柔出生的時候就是個早產兒，因此媽媽自己帶起來很辛苦，等到兩歲之後就給阿公阿嬤帶。初期給她食物時，因為她都懶得咬，直接吐出來，怕她營養不夠就一直給她喝牛奶。

　　午餐時間將盡，就發現一堆孩子紛紛被老師叫到旁邊，原來這是一群挑食或咀嚼速度很慢的小孩，老師怕孩子沒有吃完足夠的午餐餓到，只好叫到身邊來利用「壓力」來讓孩子加快速度。

狀況 1：
孩子咀嚼能力差，吃的速度慢或挑食，怎麼辦？

　　醫學研究顯示，孩子的咀嚼能力除了幫助進食外，對於口腔發展、口語表達及大腦的發展都有深深的相關性。兒科醫師建議四到六個月的嬰兒就可以開始訓練吃副食品，而到一歲左右的孩子，幾乎可以跟大人吃一樣材質的食物（除

了特別韌性或者堅硬的食物），現階段幼兒園或學齡的孩子挑食狀況嚴重，除了少子化家人比較疼之外，物質及食物的選擇也較過去的年代多很多，大多數的家長抱著「能吃就是福」、「挑食總比不吃好」、「不吃這個就選擇他愛吃的就好」，小孩也是因為抓到這個點就耍賴皮。

▶▶ 關鍵忠告：孩子年紀還小，所有的習慣都可以經由家長的教導去塑造。挑食的問題事小，但害怕的是孩子依樣畫葫蘆：現在可以挑食，以後就會挑玩具、挑學習、挑環境、挑老師……如果能的話還是建議盡量訓練孩子，就算不喜歡也可以吃一點點，未來才有機會嘗盡各種人間美味。

祕訣 1：咀嚼能力通常跟口腔動作發展有關，不管是嘴唇、舌頭等各種口腔活動都利於咬字、咀嚼和口語表達的能力。

A：嘴唇相關活動：做鬼臉——嘟嘴、歪嘴、抿嘴、張嘴、鼓起腮等。

B：舌頭相關活動：舔棒棒糖、舔上下唇、舔左右嘴角、連續吐舌頭、舌頭上頂學猩猩、舌頭左右頂內頰等。

C：發音相關活動：動物叫聲、聲音交錯（咕嚕咕嚕、叭哺叭哺、嘩啦嘩啦）、驚嘆聲（啊、喔、欸、嗯、吼）、玩聲音。

D：生活相關活動：吹泡泡、吸珍珠、左右邊漱口、清舌苔、舌頭清嘴唇。

Ｅ：用美味或者喜愛的零食訓練：咀嚼力量不足，可以給予ＱＱ糖、肉乾、微甜的蒟蒻、魷魚絲等稍微韌性的食物，讓孩子在吃完正餐後作為鼓勵，同時訓練咀嚼的能力。

祕訣 2：試著跨出無法掌握的第一步，人生就是先苦後甘。

　　Ａ：許多孩子對於沒有嘗試過的食物會先入為主的拒絕，或者對於外貌不美觀的食物直接抗拒。父母務必秉持著「溫柔的堅持」，威脅利誘的讓孩子嘗試一口。若是真的無法接受並不需要強制的勉強。

　　Ｂ：人對於感官的喜好是能夠被「習慣」的，下次再碰到一樣的食物，務必再吃一口，反覆操作就會慢慢接受。如同大人一開始怕辣，先吃一點微辣，再來小辣，最後如果喜歡就會進而中辣、大辣，所有的食物都是能被慢慢接受的，重點是父母是否堅持訓練。

　　Ｃ：可以用玩食物的方式來轉移孩子對食物的抗拒，例如：舔舔醬料、吸吸菜汁、咬爛硬吞、咀嚼分享味道。

　　Ｄ：先苦後甘，吃一口不愛的食物後就能吃一口喜愛的食物，或者在不喜愛的食物上加上喜愛的醬汁。用能接受的味道蓋過害怕的味道，讓味覺慢慢習慣接受新食物。

祕訣 3：學校的一小步，家長的一大步。

　　Ａ：師命難違：許多父母無法夠堅持的要求孩子對於

食物的接受，但上學後老師稍微要求，多數的孩子會礙於面子或者懼怕而勉爲其難的嘗試，這時我們就要善用老師的權威，讓孩子對於各種食物的接受度提高。

B：裡應外合：與老師做良好的聯繫，若孩子跨出嘗試的第一步一定要給予肯定並且支持，並配合在學校能夠接受的食物，同時在家裡共同訓練，增加習慣的速度。

C：減少選擇：在備餐及外食的過程中，不需要特別針對孩子喜歡的菜色去做準備（學校菜色也無法選），讓孩子慢慢能習慣不是所有的菜色都一定是喜歡的，但是只要願意嘗試不愛的菜色，餐後就有喜歡的水果或甜點，來增強孩子嘗試的動機。

還好小柔有一個支持系統不錯的家庭，雖然父母雙薪忙碌，但還是聽從老師的建議去指定的醫院做全面性的早療評估。

　　下學期，父母配合老師提報為特殊生，申請了巡迴輔導老師和專業團隊入校輔導，所以這次我實際進班來觀察小柔的能力與適應狀況。

　　跟她在學習區互動的過程中，我發現她的經驗非常少，積木、拼圖都不會，在唱唱跳跳的活動中略顯不協調，問她一些生活相關的問題也答不出來（例如：平常我們用什麼東西開門？哪種水果酸酸甜甜的？公車還是捷運比較大？）。我以為家人都沒有帶她出門，向老師了解後發現其實阿公平時固定帶她去社區旁的公園玩，父母每週也會帶她去露營，那怎麼還有類似刺激不足的問題呢？

狀況 2：
欠缺生活刺激，動作及操作經驗不足，怎麼辦？

　　▷▷關鍵忠告：孩子從嬰兒時期就開始對周邊的環境探索，利用嘴巴、手、身體、視覺、聽覺……去跟環境互動與學習。大部分的父母親能夠營造符合孩子年紀的情境與活動來給予刺激，但許多父母卻是要孩子「配合」大人的喜好來做學習，那就會讓我們的寶貝少了某些經驗與刺激。

祕訣 4：關心孩子的成長里程碑，因材施教。

　　A：每個發展的階段都有它需要符合的能力，確實的讓孩子經歷每一種刺激才能讓孩子擁有各種能力，例如：同年的孩子都可以單腳跳，那我們就要讓孩子擁有相同能力；同年的孩子都可以拼拼圖，那就要讓孩子跟著玩。不用很精，但至少要有玩的經驗。

　　B：了解「兒童發展里程碑」，跟著孩子發展的順序來挑選適合孩子的教具以及互動方式。例如孩子在學走路或跑步，是否可以透過走各種材質的區域來讓孩子增加各種不同的經驗與刺激（走軟墊、草地、沙灘、碎石子地……）？孩子在學齡就讀時，是否可以針對學校教導，同年齡會有的遊戲技能去參與（騎腳踏車、跳繩、跳高、扯鈴、鬼抓人……）？

祕訣 5：玩是孩子的天性，但不是人人都會玩。

　　孩子的個性都是不一樣的，有的孩子天生活潑，喜歡尋求新的刺激以及學習，當擁有一樣玩具時，能用「嘗試錯誤」的方式來探索及創造玩法，同樣的玩具能變化出各種的玩法與創意；但有的孩子屬於比較被動或者「無新意」，老是用固定的玩法來操作教具與玩具。

　　這時候家長的陪伴與引導就是重要的，從模仿到創作的階段需要一段時間，若是父母能好好引導，能讓玩具發揮最大功能，對於之後的學習會有潛移默化的效果。玩是孩子

的職業也是工作，讓孩子能充分擁有各種「玩的能力」，是建立各種基本認知的重要基礎。

祕訣 6：爸媽想做的事，對孩子有幫助？

常常在社群上看到許多家長會分享與孩子的家庭時光：參加各種節慶活動、賞花登山、體能活動、參訪各種教育會館、打卡祕境……的確都是給予孩子生活上很好的刺激與經驗！但這些活動的安排與參與都是由父母來決定的，在活動的過程與體驗中，我們要試問當天的參與能帶給孩子什麼樣的經驗與學習？換句話說，就是要站在孩子的立場來考量，而非父母想去的。

例如小柔的父母每週都去露營，但她年紀還小，父母很少讓她參與紮營及炊煮的過程。露營對她來說，就是兩天一夜與其他孩子在草地上奔跑嬉鬧的活動。若是家長能帶著孩子做一些團康活動或教導體能遊戲（丟飛盤、躲避球），露營的過程就不只是父母喝酒談天放鬆的假期，而是增加親子互動外，也能帶來「適合孩子」的學習機會。

祕訣 7：一成不變的環境與活動，難擦出火花。

小柔的父母雖然每週去露營，阿公也常帶她去公園，但去的地方、活動的形式、玩樂的設施、參與的人員其實都大同小異，所以很難有新的刺激與經驗。建議去公園時，可以去不同的共容公園以及使用不同的設施，增加更多的動作

經驗。

　　若能夠調整改變參訪的地方與活動，例如：動物園、科教館、博物館、藝文中心、親子館、花展、博覽會等，孩子能夠接受到的刺激才會更多，也能在其中得到更多的知識與常識。建議家長們可以適當利用網路蒐尋適合的親子活動地點，讓孩子的生活多采多姿外也能夠學習到更多。

第一次與小柔做抽離評估時，她顯得很抗拒，甚至躲在老師的後面緊張得哭出來了。

了解她進校的過程才知道原來她上學後哭了快兩個月，似乎適應新環境的能力不佳，甚至有所謂的「分離焦慮」。

我第一次接觸她並進行鑑定是學期中，她對於幼兒園的生活其實已經習慣了，但我對她來說還是個「陌生人」，所以才會顯得害怕與退縮。

狀況 3：

有疑似分離焦慮的孩子，我們要怎麼幫助孩子改善？

▸▸ 關鍵忠告：人是「習慣」的動物，適應能力應該沒有想像得差，但許多孩子從小安全感不足，所以會時常依附在照顧者身上。當「看」不到主要照顧者時，便利用哭泣、抗拒、緊黏的方式，賴皮讓照顧者無法（不忍）分離，而這其實是可以慢慢訓練孩子「勇敢」的。

祕訣 8：建立「物體恆存」的概念。

正常的情況下，一般孩子在六到七個月開始便會建立出「物體恆存」的概念。

在小時候就可以跟他玩「躲貓貓」遊戲（用手蓋住臉再拿開），等到孩子大了可以換躲棉被、躲到床下、門後面，增加孩子「恆存」的概念，再進一步的躲到廁所、廚房、別的房間，提高孩子看不見照顧者的耐受力。

祕訣 9：更換主要照顧者，並且更換其他照顧者。

這類的孩子多半把情感依附在主要照顧者身上，試著讓主要照顧者暫時離開，替換成第二照顧者。

一開始，時間不需要太久，也要忍耐及忽視孩子的哭鬧，待孩子情緒較穩定後，第一位照顧者再出現，以此增加孩子對第二照顧者的習慣。之後再逐漸將消失的時間拉長，等到第二照顧者能完全「取代」主要照顧者之後，再進一步訓練由第三照顧者來看顧，以此類推下去，增加孩子對於不同人照顧的適應能力。

祕訣 10：給予安全感或提供依附的替代品。

若是在主要照顧者離開的過程或者進學校就讀時，孩子情緒不穩定的狀況持續比較久，建議可以讓孩子帶上隨身喜歡的物品或玩具來增加安全感，例如：睡覺用的小毯子、常抱著的娃娃、最喜歡玩的車車等，讓孩子把依附主要照顧者的習慣轉移至物品。

學校老師也可以用爸媽的照片、爸媽的聲音（電話或語音）來強調「恆存」的概念，讓孩子擁有安全感。

在孩子稍微穩定或習慣的情況下，給予喜歡的玩具或遊戲來使其「分心」，將依附角色轉移到老師或其他照顧者。

<u>祕訣 11：父母親必須學習放手，調整心態。</u>

在學校最常看到父母或祖父母在校門口演出「生離死別」的戲碼，不知是孩子焦慮還是家長焦慮？由於家人的不安與擔憂反倒會影響孩子學習獨立的過程，這時候要試著放手，忽略孩子的哭鬧，相信老師的專業與能力，堅定且溫柔的告訴孩子「學校好好玩，你乖乖聽老師的話待到四點，我會過來接你」接著頭也不回的離開，讓孩子慢慢去接受適應新環境的過程。

小柔在父母親與祖父母用心的配合下，一年來在幼兒園的表現已大幅度進步，家人也願意配合老師的建議來做教養上的調整。她的許多能力已經趕上同年齡的孩子，但老師依然困擾於小柔的生活自理速度，往往會因為「慢半拍」而影響到學校的作息與節奏。

　　小柔是阿公嘴裡的「金孫女」，阿公常常因為她動作慢而幫忙餵飯、穿鞋襪，導致生活自理能力大大落後同年齡。

狀況 4：
生活自理能力太弱，該怎麼訓練孩子？

　　▶▶關鍵忠告：孩子在所有學習過程中，生活自理能力是最基本也是最重要的，能夠獨立穿衣物、盥洗、收拾玩具，日後才能自己梳洗、整理書包。養成獨立的好習慣，小學之後才有餘力及時間來應付更多的課程與學習。

祕訣 12：懶得做？等待是最重要的。

　　生活獨立的最大重點就是「每天反覆練習」。

　　我們每天刷牙洗臉、洗澡穿衣會覺得很「辛苦吃力」嗎？應該是不會的。然而，這些事情，不就是我們幾十年來日復一日、年復一年的反覆操作嗎？最後養成習慣就不會感受到

任何的難度與壓力了。

讓孩子養成好習慣，放手讓孩子從「玩」的方式學習。重點是「做不好就等待，不要替他做」，並且堅定的告訴他：「不要急，慢慢來，我相信你做得到。」

反覆練習，孩子會從失敗中記取教訓並修正，一定會越做越順手、越做越敏捷。

祕訣 13：不會做？利用工作分析法來訓練。

有些孩子天生動作較為笨拙，想要完全放手給孩子，孩子做不來就生氣、放棄，建議針對這種小孩我們可以將動作細分為幾個步驟來學習，亦即所謂的「工作分析法」（task analysis），以洗手的「濕→搓→沖→捧→擦」為例子：

1. 前向連鎖（forward chaining）：從起點行為由前往後教，如果會了就增強，不會則給予協助。（濕→搓→沖→捧→擦，一二三四五）

2. 後向連鎖（backward chaining）：由最後一步先教，前面的步驟則由父母協助完成，逐步往前。（擦→捧→沖→搓→濕，五四三二一）

3. 整體呈現（total task presentation）：每次教學皆全部教，同時呈現。通常較自然、有效。（一二三四五、一二三四五、一二三四五）

若要教導穿襪子，則如：一、拉開襪子；二、套進去；三、拉上來；四、調整襪子線，一二三四。

祕訣 14：讓孩子從幫助別人的過程獲得成就，並且類化到更高級的能力。

　　當孩子在生活自理的部分學習到新技能，是否能在家中指導弟妹或者在學校幫助更弱的孩子？讓孩子成為指導者會有「以身作則」的成效，孩子會加強要求、審視自我的表現與能力，而在指導的過程又重複做一次又一次的練習，也會學習師長利用行為分析的多步驟來教導弱小，等到學齡後，便會類化成為一種學習的新技巧。

後來小柔上了國小，經過鑑定安置無法取得特殊生的身分，而是以一般生的身分在國小就讀。就我所知，她在小學的適應狀況都非常好，學科能維持一定的學習，生活及人際上也沒有太大的問題，真的是非常開心。這驗證了即便孩子有些小小的問題，透過父母親的用心及老師的加強，許多問題都可以迎刃而解。從此我就特別喜歡進學校，因為我們不單純只是幫助特殊孩子，更是讓父母親意識到他們在孩子的生命中有多重要。

快閃高手

過動症

動作過大

搶快搶贏

超愛說話

亂拿東西

記憶中的偉倫是十多年前來診所的孩子。他瘦瘦的、靜靜的，而且不安的看著我。與其說對他印象深刻，不如說他的媽媽讓我無法忘記。初評時媽媽滔滔不絕的敘述他在學校、安親班及家中的十大罪狀。

那一年他三年級，進入治療室後很快與其他孩子一起活動，不怕生、動作靈巧則是他最大的優點；馬偕醫生判定他為「注意力不足過動症」（ADHD）。媽媽最困擾的是才開學一個多月，孩子的聯絡簿上每天幾乎都是滿滿的「告狀文」。原來是偉倫常因動作太大而碰撞到其他孩子，在跟人互動的過程中也常力道拿不準而造成誤會，覺得他在「打人」。

難怪媽媽那麼緊張兮兮，因為每天都要接受來自聯絡簿的「驚喜」。

狀況 5：

動作常常太大，造成許多誤會與衝突。

▸▸關鍵忠告：首先一定要釐清孩子是因為「無法控制」才造成那麼多的「不小心」，基本上我們會歸咎他的衝動性，可參考 ADHD 的診斷；若是可以控制而做出這樣的行為就是屬於「故意」的，而偉倫是屬於生理上的急躁與粗枝大葉，故意的行為會在後續章節做探討。

祕訣 15：想動就動個夠嗎？動也要有所選擇。

　　ADHD 給大家最大的直覺就是像個充滿電的兔子玩偶，可以衝來衝去不需要休息，午休可以不睡覺，晚上也可以很有精神。多數的父母親都會安排很多運動類的活動如：足球、跆拳道、田徑、球類等，想來好好「操」一下小孩。這樣是對的嗎？由衷的奉勸各位父母大人，胃口是會被養大的，如果給予過多的體能活動，反而讓孩子體能越來越好，而「電力」也會持續增強。

　　建議給予一些需要高專注、高技巧或有規律的活動，像是直排輪、體操、乒乓球、羽球、游泳等，這樣在運動的過程中能增加更多的「動作控制」能力，讓孩子可以學習在活動中如何收放自己的力量與速度。

　　再來就是這些運動除了高技巧之外也有一定的規則，對於過動症的孩子學習去遵守規則並調整自身的節奏去配合活動，是有很大的幫助。

祕訣 16：怕的不是動不夠，而是靜不下來。

　　過動孩子真的總是活力滿滿，父母要他不動反而讓他全身不對勁。其實好動或過動，差別在於「是否能夠控制何時該動、何時該靜」，而靜不下來這件事也是必須花時間學習的。

　　建議在更小的時候（約一到兩歲）就要開始陪伴孩子在固定的時間「靜下來」做一些學習（扮家家酒、角色扮演、

玩玩具）。

　　注意力的維持與習慣需透過長期培養，若是長大還是靜不下來，每天陪伴他十分鐘看書或練習寫字、拼拼圖、玩桌遊、下棋，讓他從這些十分鐘的靜態活動開始「玩」。

　　由於孩子的定性與持續度可能真的比較差，所以這時候「陪伴」是最重要的。

　　隨著習慣的養成與持續度建立後，再慢慢將「靜的時間」一點一點拉長，一次增加兩分鐘，讓孩子能夠建立有效率的靜態活動操作，等到長大需要寫功課時就可以將作業「分段」完成。

　　孩子的持續度不久，但我們可以有效率的在短時間協助他完成部分作業，休息片刻（喝水、廁所、走一走等轉移注意力），再繼續下面的作業。如果一口氣想要完成作業，反倒讓孩子想要在你沒盯著他的時候「動來動去」；不是玩文具就是亂寫亂畫，讓寫作業的時間拖長而沒效率。

祕訣 17：與其學習拿捏力道，乾脆完全禁止觸碰或避免做出讓人誤會的行為。

　　偉倫的媽媽請他在需要跟同學有所接觸時要學習控制力道，其實這是很難的。

　　「感覺」是很主觀且無法量化與定義的，因此對每個人來說哪種叫「碰」、哪種叫「打」、哪種叫「玩」，實質上是沒辦法說準的。而偉倫的控制能力又較一般孩子更差一些，往往只是要叫同學或打招呼，反而讓別人誤會在「弄」他們，所以

最好的互動方式就是乾脆要求孩子「完全減少」肢體接觸，減少被誤會或引起衝突的機會，多利用口語來做交流的媒介。

再者，偉倫在家中常常在遊戲中跟爸爸、弟弟用「戰鬥」、「對戰」的方式打打鬧鬧，這讓孩子把平常家中習慣的互動方式複製到其他人身上，以為跟同儕的嬉鬧很好玩，但又無法控制力道，所以常常才被同學告狀或產生「打人」的誤會。因此，我告知家長在家裡要盡量減少這種肢體碰撞的玩樂方式，否則未來他會在人際互動上產生很大的挫折，因為同學怕引起不必要的爭端，便會與他保持距離，

祕訣 18：社交距離與空間的建立。

人是感官的動物，也是習慣的動物，常常會把與家人的互動方式類化或複製到他人身上。

偉倫雖然已經小學三年級了，依然跟爸媽與弟弟同睡一張床，所以在睡覺或休息時多少會與家人接觸或碰撞。這種接觸其實能增添與家人的親密感，而且他們親子間的感情與互動也不錯，卽便到了中年級還可以看到他跟媽媽「親親抱抱」。

這種互動方式卻不見得人人都可以接受，像偉倫曾經就因為對同學有好感而「抱」同學，卻被同學解讀為「他把我約束住，我很不喜歡」。

孩子年紀增長後，家長可以漸漸轉換一些互動的方式，例如：拍拍肩、牽牽手、摸摸頭或者口頭上的鼓勵與互動，甚至家中若是有多餘的房間，讓他和弟弟離開爸媽的房間且

訓練獨立，減少睡覺時身體不必要的接觸。在與他對談或互動中也可以開始教他拉開適當的距離，這是一種人際間的禮貌也是一種自我保護。如此一來，之後與同學碰撞的機會也會相對的減少。

持續與媽媽的衛教與在治療室活動中反覆的練習，讓偉倫聯絡簿上的紅字明顯減少了。

但是，老師與家長都還有另外一個困擾，就是孩子的「衝動性」太強，常常在老師還沒問完問題時就搶答，又或者不管去科任教室、排路隊回家，總是搶著排隊或愛講話！

在治療室裡觀察到，他的動作能力滿好的，也常常為了受到大人的肯定而想要表現自己，以為「快」就是最好，因此非常急躁而且無法等待，也常為此跟弟弟和同學都產生了衝突。

狀況 6：
總是沒耐性，想搶快、搶答，怎麼辦？

▸▸ 關鍵忠告：急躁是一種氣質與個性，沒有所謂的好與壞。想要在大人面前求表現是好的，但因為急躁而打壞人際關係或造成處理事情的草率，反倒會給人不好的印象。

祕訣 19：教導「欲速則不達」的觀念。

如果孩子不斷搶快，以為「好」就是盡快完成老師或家長的指令與要求時，就要先建立孩子「快不見得好」的概念。

在治療室，我們設計了需要「高專注」和「小心」的遊戲，例如：沙包放在頭上走直線，或用瓶蓋持球跨越障礙物。只要動作一大或晃動，運送的物品就會掉落，而掉落的孩子就必須從頭來過。

偉倫一開始以為這些很容易，總是不斷「衝衝衝」，而物品總是「掉掉掉」，反而許多同學都「傻傻的」慢慢通關得分，這時候他才知道「慢」的好處。

漸漸的，他發現調整自己的節奏，才能在活動中得分。但整個競賽下來他的分數還是不如人、沒那麼穩定。

直到經過幾次課程後，他終於學會該慢的時候還是得慢，才能有好的表現。

祕訣 20：建立「快不一定代表好」的概念。

一直以來，偉倫都以為速度快就是好、就是厲害，因此我請老師在發問時只要他沒有遵守規則就不點他起來發表，三次犯規就一節課都無法發言。

雖然偉倫都能輕鬆應付老師在課程中的提問，但因為他總是無法等待就舉手，讓老師不請他回答，甚至使他喪失了在課堂發言的權利。

同樣的處理方式延伸到每堂科任課。

一開始他感到生氣，但因為所有老師「一致性」讓他不得不遵守班上發言的規則，半個學期下來，搶答的狀況漸漸改善。

祕訣 21：快就必須等慢的 。

　　偉倫的父母個性其實都很急，弟弟則是是動作比較慢，所以家裡會用「吃完飯就可以看電視」、「做完功課可以玩平板」等規則，不斷去增強偉倫加快速度的行爲。

　　我建議偉倫媽媽，即使偉倫很迅速完成要求，也必須等弟弟一起完成才能得到獎勵。也就是偉倫速度再快，也必須等待或催促弟弟；如此操作的優點是「偉倫需要等待，而弟弟必須加快」。

　　漸漸的，偉倫不再急躁，他說：「反正再快也要等弟弟，那我跟他一樣慢慢來吧！」

　　所謂「物極必反」，很多事情都是一體兩面。進一步，在這個過程裡要教他的是「該快的時候要快，若快得沒好處的話又何必自討沒趣，要能自己決定快或慢」。

祕訣 22：能力越強，責任越大。

　　偉倫的強出頭或者搶贏搶快，都是爲了得到老師與同學的關注與讚賞，表示自己能力相對於其他孩子是很好的。如果把此觀念用在對的地方，不但能讓偉倫慢慢的調整步伐，也能讓他在付出的過程得到成就感。

　　這一天，偉倫一樣很快完成老師指派的任務，第一個到走廊排隊準備去操場排演運動會。有別於過去搶在路隊的最前頭，這次他默默走到路隊最後面，因爲老師說最快最好的學生就可以得到擔任小老師的任務，排在最後面照顧動作

最慢的同學。因此，他在最後面指揮輔導比較慢比較弱的孩子，這時候可以看到的是他懂事又負責任的另一面。

　　如果家長與老師不要把「快＝好＝贏＝優秀」的觀念灌輸到孩子身上，或許孩子就不會把注意力著重在這些字眼上，而是在實質的表現了。

由於偉倫的學習能力真的很好，所以往往在老師教導課業沒多久，或者同學還在複習時，他就覺得「無聊」而開始找同學聊天。他已經不只一次被老師反映非常愛講話了。

老實說，愛講話也不是什麼壞事，只是喋喋不休的他常讓同學們覺得他很囉唆而不喜歡與他相處，而且也干擾了課程進行。

狀況 7：
孩子老是愛講話，好像停不下來？

▶▶關鍵忠告：說話就像是一種發洩，沒有得到好的出口，只會造成更大的困擾。重要的是如何訓練孩子拿捏，且選擇適當的說話情境。

祕訣 23：愛說就讓他說個夠。

所有的行為背後都有一定的原因（像是有些人不說話就不舒服），因此給予適當的舞台與時機是很重要的。

偉倫說話除了是怕無聊外，也希望在說的過程中吸引他人眼光。因此，我們請老師每週一、三、五的早自習都讓他對班級其他同學做班規的宣導，也讓他負責宣導老師交代的注意事項（像是要交校外教學回條、打預防針通知之類的）。

在這過程中教導他何時該說話，並且要說就要說老師覺得是
重點的部分。

祕訣 24：一個巴掌拍不響。

　　雖然偉倫有所謂的過動症，常忍不住想講話或搶答，
但若同學對他的話語也有所回應，就剛好正中他下懷，有了
可以一起「犯規」的對象。

　　因此，在約束他的過程中，也要跟班上其他同學宣導：
「不管是誰的課，只要是上課中都不應該隨意說話，若是有
同學找你講課堂以外的話，盡量不要搭理他。」

　　少了互動的對象，偉倫只能乖乖聽課。幾週下來，偉
倫也試著忍住不找人聊天；因為再也不會有同學在課堂上跟
他說話了。

祕訣 25：以身作則是種美德。

　　偉倫愛講話還有另外一種方法可以「治」他 ── 我建議
老師讓偉倫擔任「風紀股長」。

　　一般來說，風紀股長是負責管理班上常規的重要職位，
而「上課講話」亦是班上規定不允許發生的，所以他在規範別
人的過程中也要自我約束，因為「知法犯法」會被同學群起撻
伐。

　　果然，我們利用孩子愛面子的心理讓他擔任如此重任，

有效的遏止他上課愛說話的習慣，他也知道了什麼時候該控制自己的嘴巴。

祕訣 26：都是你在說，換別人吧！

　　偉倫的學業能力很好，所以去資源班只有參與社交技巧的課程。

　　我告訴特教老師可以讓他練習「聆聽」。

　　過去他總是有說不完的話想跟同學分享，也不管同學想不想聽就不斷開啟話題。在資源班除了讓他在班上練習適當的用詞和語調之外，也嘗試讓他「只能」聽別人的分享，感受一下沒有興趣的話題帶來的「無趣」感，同理一下同學們的感受。

經過半年的治療與諮詢輔導，發現偉倫越來越穩定，一些衝突還有被告狀的狀況都明顯得到改善。

最後，媽媽又丟出一個狀況，那就是偉倫還有亂動別人東西的習慣，而且屢講不聽。

去賣場時，他的手也忍不住東摸西摸，還曾經把別人的東西弄壞，也曾經把別人的東西「摸走」，讓爸媽困擾不已。

狀況 8：
孩子的手總愛摸東摸西，還會把人家的東西帶走，怎麼辦？

▸▸關鍵忠告：這種狀況會分成兩種導向來處理，一種是感官導向，一種是行為導向。

感官導向傾向於嬰兒感覺動作期的探索未被滿足，行為導向為是否能明確認知到「佔有」、「侵佔」的概念。

祕訣 27：在家裡建立「物權」的概念。

台灣大部分的孩子都跟父母親同一個房間，從小就有許多物品是共同放在房間內，孩子要碰要玩的機會很多。若是家庭成員再多一些（祖父母、叔叔、伯伯、阿姨、姑姑同

住）可以觸碰到不同人的物品就更多：媽媽的化妝品、爸爸的電腦、祖父的平板、伯伯的公仔等等。

以探索的觀念來說，讓孩子碰觸物品並沒有錯。但是，隨著年紀增長及認知成熟，就要建立孩子「物有所屬」的概念。也就是別人的東西沒經過允許絕對不可以自己拿，即使是最親的家人也需要問過才能動作。

父母務必重視這部分（多數父母都覺得無所謂），並且延伸到生活用具的使用、食物的分享、衣物的借用，諸如此類，明確建立不輕易碰別人東西的「物權」概念。

如果在家中都沒辦法完全遵守，那麼，孩子不經過他人允許而跟同學「借」文具、亂碰老師東西或教學設備，也不讓人感到意外了。

祕訣 28：尊重他人意願。

詢問別人不只是「打個招呼」而已，有可能對方會拒絕或不願意接受，這時候就要教孩子學習尊重不同的反應。

要跟孩子說：「你願意分享或借用別人的物品，不代表別人也會同樣態度對待你。我們必須試著接受，就算同學不借你物品，讓你覺得難過，也不可以私底下違背他人意願而自行拿取。」

否則，等到孩子長大後，可能養成「借不到、買不到就偷偷來」的觀念與行為。

祕訣 29：手賤就是要「剁手」？

　　如果是行為導向的問題，也就是明明知道不可以但就是做了，結果便是必須付出代價。

　　例如：警告過孩子不可以亂碰、亂拿他人的物品，但孩子依然故我，這時候除了向當事人道歉外，還要給予孩子一些小處罰。像是剝奪孩子的喜好、罰做勞務性工作、討厭的體能活動，或是不給他喜愛的點心，甚至取消例行性的出遊。

　　適度處罰還是能修正犯錯的。

　　不然只是單純的道歉，孩子不會察覺其嚴重性，就會繼續犯錯。

　　我們就是在「修正」的過程中訓練孩子自我控制的能力，避免其變成不良的習慣。

祕訣 30：減少手賤的機會。

　　另外的一個方法，就是既然已經知道孩子在外會東碰西碰，就讓他沒有機會做出這樣行為。

　　我們可以在賣場請孩子幫忙拿東西、推推車、提籃子，給他目標去挑選需要的物品，讓他去碰可以碰的東西（試吃、操作樣品），或手上拿一些可以把玩的玩具。

　　孩子的自制力不像大人，許多的行為或舉動往往是因為單純「無聊」、「好玩」。我們就要「沒事找事情做」，讓他分

心或專注在賦予的任務上，這樣東摸摸、西摸摸的狀況應該
可以好轉。

緊密的與孩子相處了八個月，有了治療活動的介入以及父母親的努力，再加上學校老師一同處理許多不斷衍生的新狀況，偉倫的混亂逐漸好轉，不再動手動腳，也能乖乖的遵守班上的規範。

　　礙於四年級課業壓力越來越重，於是便終止了我們師生的緣分。

　　前幾年在別間學校的停車場，正在自動繳費機繳錢時，有個似曾相識的聲音叫住我，原來是偉倫的媽媽在該校做故事媽媽。小聊之後發現曾經那個蹦蹦跳跳的小男孩，如今已經是某國立大學的研究生。

　　那天我的心情特別好，不是因為他現在有多優秀，而是驗證了孩子的未來取決於父母親的用心。

　　我開車前往另一所學校，進校前，我對著鏡子裡的自己點點頭，繼續前往幫助孩子的路。

超慢郎中

注意力不集中

發呆恍神

忘東忘西

警醒度差

動來動去變換姿勢

他的臉蛋白白嫩嫩，身形看來有點胖，但他的胖只集中在肚子，其他部位看起來倒是挺苗條。笑起來還有瞇瞇眼，滿討人喜歡。他從我進教室就很有興致的問我：「叔叔你是誰啊？」、「你是ＸＸＸ的爸爸嗎？」、「你來做什麼呢？」

我一貫回答：「我也是老師喔！來看看班上同學是不是都有聽老師的話！」聽到我這樣說，他趕緊起身轉去收拾學習區的玩具，準備一起排隊領早餐。

「今天要我來看哪位孩子？」我禮貌性的問發早餐的老師，老師用鼻子指向剛剛跟我「交手」的洋洋，原來他就是今天的主角。

中班上學期末提出的期中申請，寒假中也請媽媽去台北醫院做評估，確診是「發展遲緩」。

我陪著他們上課一小時，看著評估報告上幾乎所有的項目都是比中間值再差一點。他溫溫的個性也不造成太多干擾，觀察到他的「慢半拍」應該是老師比較困擾的部分。

趁著孩子到室外曬太陽的空檔，老師來跟我聊幾句。果不其然，老師覺得他的動作實在緩慢，不管收玩具、喝水、穿鞋外出、洗手如廁，總是必須三催四請。

隔了一個月，我又進這間學校，發現這樣的狀況滿嚴重的，因為他的「處理速度」與「工作效率」實在是太差了，常常有發呆恍神或忘記指令的狀況──我懷疑他有明顯的「注意力不集中」。

狀況 9：
孩子有注意力不集中造成的發呆恍神，怎麼辦？

▶▶關鍵忠告：釐清孩子是否注意力不集中，可以觀察他是否發呆恍神的頻率很高，或是常常容易被周遭的刺激而分神。若是給予提醒就能改善，頂多是孩子個性很「蠻皮」。如果直接或間接影響到生活或學習，建議還是要有特教及醫療的介入。

祕訣 31：勤能補拙，求品質而不求效率。

若是處理速度慢、動作也慢，往往被師長催促或責罵，孩子會失去成就感或感到難過，然後想要加快卻做不好，變成「快也不是，慢也不是」的狀況。

在魚與熊掌不能兼得的情況下，更需要提升孩子的動作能力與生活能力。

在家裡，比較沒有時間及課程的壓力，因此基本日常生活的要求與訓練，相對的就要提高練習頻率，就是所謂的「慢工出細活」。不管是收拾玩具、清潔餐具、穿脫衣物、繳交作業等，只要反覆練習讓表現的「質」提升，就算慢也沒關係，至少做得好。

再者，就是熟練的能力提升，儘管偶爾發呆恍神，卻能在提醒下有效率的完成。如此一來，給人家的整體感覺就不會是「又慢又差」，孩子也比較不會在師長重複的提醒下感

到非常挫折。

祕訣 32：指令短而簡潔，提示代替命令。

　　注意力不足的孩子通常在接受訊息及處理的速度上都比一般孩子差。如果你的指令「落落長」，會造成孩子往往只能記住一、兩個，或者跳過一些步驟。建議給指令時能簡潔有力，例如：「將水喝完後，請收拾後再去洗手上廁所，然後排隊準備領午餐」改成「喝水 —— 洗手 —— 上廁所 —— 領午餐」。

　　若孩子只能記得一到兩個步驟，可以口頭提示讓他去觀察別人的動作，或者告訴他接下來要做什麼，以增加孩子思考、觀察、回想的能力。

　　漸漸的訓練孩子不要只是依賴提醒或「聽話做事」，而是能以眼睛觀察及搜索環境訊息。甚至讓孩子知道自己能力的不足，並思考是否能使用替代策略來適應生活與環境。

祕訣 33：善用孩子的喜好，建立鼓勵的概念。

　　許多孩子發呆或者拖拉，明顯是有「選擇性」的。由於他的效率跟處理速度無法全部跟上他人的節奏，所以在做自己喜歡的事情或者吃愛吃的食物時，往往「動機全開」，速度跟執行的專心度都會比其他沒興趣的快很多。

　　建議可以把喜歡且有動機的選擇放在「後面」，讓孩子

能夠趕快做完不喜歡做的事（吃不愛吃的食物），再從事喜歡的興趣（吃愛吃的食物）。有了「喜歡」的吸引，較有動機讓孩子將不愛的任務完成，這是一種鼓勵的概念。

也可以跟孩子約定在時間內有好表現或持續多久時間從事要求的任務，達成之後就給予喜歡的事物，鼓勵孩子增加專注和效率的動機。

祕訣 34：利用時間觀念，加強結構管理。

其實一般人也會因為喜好的不同而有不同專注力的表現，或是選擇性的專注，這時候時間管理的觀念建立就相對重要了。

何謂時間管理？就是養成所謂的「按表操課」。做任何的事情都有所謂的時間表，喜歡的事情不能做太久，不喜歡的事情必須要加快步調。讓孩子學習遵守時間的規範，調整自己的步調來完成事情，而非利用喜好導向來養成做事情的快慢。

時間管理的訓練也可以培養孩子對拖拉造成的不便負責任，例如：時間內要吃完飯或者完成功課，如果超過時間就無法吃甜點或者看電視。

若是要改善注意力不集中孩子的拖拉與發呆，得讓孩子生活作息穩定。

什麼時候吃飯、洗澡、刷牙、上床、做功課都有很明確的時間規定，孩子久了就不會照著自己的喜好而是去配合環境。這就是為何類似狀況往往在學校都比在家表現還好，因

為學校的「結構性」較強：聽鐘聲上下課、上課四十分鐘和下課十分鐘，以及幾點排路隊幾點必須到校才不算遲到等等。

與老師建立了一些默契後，時間的壓力總算讓洋洋有點加快動作的意願。

　　不過，後來發現他在家的狀況更誇張，常常可以吃飯一、兩個小時，洗個澡要講十次才去洗，這時我覺得勢必要把類似的策略教導父母來共同執行才會更有效。

　　我在期末之前和老師約了一個時段讓家長一同到校參與諮詢，當天父母親也都一起來了。爸爸戴著一副黑框眼鏡，一看就是老實且認真的上班族；媽媽素顏且穿著樸實，是個非常愛小孩的好媽媽。

　　這次的諮詢我請老師多給我一些時間，我們也可以順便多聊聊孩子的其他狀況。或許是這一行做久了，跟家長諮詢的過程中，我不會特別強調孩子的「主問題」，許多的狀況是環環相扣的。

　　除了提及拖拉緩慢、恍神發呆的處置之外，又發現了他會嚴重的「忘東忘西」，常常忘記把老師要求的回條、回覆單、紀錄表帶回家，也發現在家中常常找不到玩具、色筆、另一隻襪子，這樣的狀況也對他的生活造成了一些困擾。

狀況 10：
孩子常常忘東忘西、丟三落四，怎麼辦？

▶▶ 關鍵忠告：粗心大意是一個人的氣質，不會隨著年齡增長而改善。可能頻率會下降（經驗增加），但損失有的更慘重（小時候掉文具，長大後掉鑰匙、皮包）。倘若從小有好的習慣與生活策略，即便是大辣辣的個性，也比較不會影響到生活與學習。

祕訣 35：視覺提示，加強自我提醒。

現代的孩子接觸 3C 產品較多，習慣用眼睛取得訊息，而非用耳朵聽取指令。若是這樣的孩子，可以透過視覺提示來幫助他自我提醒與記憶，例如：聯絡簿上可以讓孩子畫上彩色筆、回條、水壺，讓孩子在檢視準備的物品中能透過「圖像」來幫助記憶。

或是可以準備一個檢核表，利用照片或者圖片來幫助孩子每天做自我檢視。

另外，每天出門前或睡覺前要準備鉛筆盒、水壺、便當袋、口罩、體溫表等，讓孩子自己養成檢查用品的習慣。

大一點的孩子可以自己檢查悠遊卡、零錢包、鑰匙等，這樣長大了便會養成這種習慣，出門前檢查車鑰匙、家鑰匙、錢包、手機、隨身碟等。

也有許多家庭在家中放一本月曆，上面標註一些活動的提醒，並讓孩子將重要的日子及活動註記在上面，例如：運動會、校慶、校外教學、考試、放連假、補課日等。

連大人都會透過行事曆或月曆、手機記事本來提醒自己，孩子更需要從小建立良好習慣，這樣重要物品及活動便

可以透過視覺提示來自我提醒了。

祕訣 36：加強收拾整理的能力，東西不會丟三落四。

　　注意力不集中的孩子還會有東西丟三落四的狀況，建議視覺提示可以結合收拾及分類的技巧。

　　以收拾玩具為例，可以將不同玩具收在不同箱子，並在箱子外貼上相對應的貼紙，讓貼紙的「視覺提醒」幫助孩子分類與收拾玩具。

　　幫孩子折完衣服後，也可以讓他習慣自己將不同衣物歸位，例如：第一層放外出衣，第二層放外出褲，第三層放內衣褲，第四層放襪子配件類等。

　　收拾書籍的時候也可以教導類似技巧，看是要從大本的排到小的或者用不同類書籍來分櫃子都可以。

　　通常注意力不集中的孩子其邏輯與思緒會較一般孩子混亂，若可以系統性的教導他收拾技巧，就不會常常找不到東西，而且物品用完後也不會亂丟，長大後便內化成他自己能夠接受的整理模式，例如：分類盒、整理箱，空間收納的概念會慢慢具體形成。

祕訣 37：養成清點的好習慣。

　　孩子弄不見東西或找不到，有另外一個關鍵的原因就是「不熟悉自己的物品」。可以在孩子還小的時候就幫他準備

鉛筆盒，讓他養成清點內容物的習慣，例如：裡面有三支鉛筆、一個橡皮擦、一支彩虹筆、一把尺等。每天無論在家裡或學校，讓他習慣做這些清點和物品檢查。如果孩子記不住數量，也可以透過視覺提示，將數量寫在盒蓋上，或做成護貝照片顯示鉛筆盒內的內容物，讓孩子能對照。

在整理玩具或書籍的時候，也可以透過整理時製作「財產清單」，拿小本子將擁有的玩具或書籍依照數量寫下，時時掌握自己擁有的物品數量與清單。

甚至孩子想要再買新玩具、文具、書籍的時候，也可以利用此「財產清單」告訴孩子，目前他很「富有」，不需要再購買新的了。

祕訣 38：學習珍惜物品。

除了不熟悉自己的物品數量外，許多家長未建立孩子必須愛惜自己物品的觀念。最常見的就是孩子在學校弄丟了文具回家告訴家長，家長直接幫他買新的，如此一來孩子就會養成「弄丟就找爸媽，他們會買新的給我」這樣的觀念。

若是物資匱乏的家庭，我相信孩子一定把每支筆都用到最短，非常珍惜自己的每個玩具，家長給得太多可能反倒讓孩子不覺得弄丟很嚴重，不痛不癢。

建議可以在孩子弄丟自己的物品後，讓他承擔一些「後果」，例如：鉛筆不見了就先不買新的，讓他三、五天內必須跟同學或老師借，經歷「盡失面子」及非常不方便的過程，能讓孩子建立「不小心就很麻煩」的觀念，等到下次再給他新

的鉛筆時才會更小心謹慎。

　　家長們千萬要記得人都是一樣的，越容易得到就越不懂得珍惜，孩子也會是同樣的想法。倘若孩子費盡千辛萬苦才能得到他的物品，而且不小心弄丟要承擔「心痛」的代價，那他就會更加小心與珍惜。

洋洋是個滿乖巧的孩子，所以當他弄丟物品而哭鬧跟父母撒嬌時，會讓父母有點招架不住！

然而，父母的原則與堅持是改掉孩子小毛病的關鍵。一路上老師們不斷給予鼓勵與肯定，每學期的服務媽媽也都熱情參與，針對執行過程碰到的問題加以反省檢討。一年過去，孩子的確開始有些明顯的進步與改善，不過還是發現孩子的發呆恍神與警醒程度不足有明顯的關聯。

所謂的「警醒程度（Arousal Level）」是當我們接受外界刺激與指令時做出適當反應的速度及效率，像是當老師點名的時候，警醒程度好的同學一聽到自己的號碼會快速的舉手回應，而洋洋則是跟老師的眼神接觸和舉手回應的速度，明顯比其他孩子慢很多。

觀察下來，發現當洋洋接受外界聽覺、視覺、痛覺、語言等感官刺激時，也常會顯現缺乏反應或反應延遲的狀態。

狀況 11：
對於警醒程度差的孩子，我們能夠怎麼改善？

▶▶ 關鍵忠告：「警醒程度」以白話來說就是「清醒程度」，這是每個人在神經發展上先天的不一樣。我們常說有些人笑點很低，就是警醒度高，一些些刺激就很有感受。

而警醒度低，其實也是能選擇性改善的。

祕訣 39：觀察生理狀況，調整適當作息。

　　每個人都會因為睡眠、心情、動機、喜好而改變自我的警醒度，由於警醒度低的人無法時時刻刻都保持很積極投入的態度，因此會有條件的選擇做不同的表現。

　　這時候我們要仔細觀察孩子的生理狀況，來了解孩子警醒程度的差異，例如：昨天出去玩心情好、今天同樂會、受到老師的鼓勵與讚賞、上完喜歡的美勞課等。

　　「心情美麗」相對警醒程度就容易提高。觀察孩子的喜好與作息能有效了解孩子「清醒」的狀況，而在孩子清醒的時候再去做一些需要高專注或者持續度的活動，能讓孩子比較不挫折且能夠得到自我肯定。

　　待孩子比較懂事，能了解自己的生理狀況，可以跟他解釋若是感覺很累或想睡覺，就起來走一走、喝水、上廁所，先轉移、放鬆一下，然後想想做完功課後便可以玩玩具、看電視、吃甜點等開心的事情，再專心有效率的把該有的任務完成。

　　老師或家長也可以善用增強的方式來提升孩子執行的效率與動機，利用改善心情、動機的方式來增進孩子自我提升警醒程度，亦即提升完成的效率與速度。

祕訣 40：動一動，腦子清醒不少。

　　警醒程度差的孩子給人家的感覺就是「昏昏欲睡」，治療師在治療室善用的方法就是給予「興奮」的刺激再從事高專

注的活動，例如：滑板車衝下溜滑梯後將球丟入籃子。

　　所謂高興奮的活動大多與出力和速度有關，這就是感覺統合常常說到的「本體覺」與「前庭覺」。醫學上研究發現，運動能增加腦部的血液流量，並提供更多氧氣，加速身體代謝，淋巴和血液循環變好，刺激腦下垂體分泌讓心情變好的激素「腦內啡」，還能大大的振奮精神。

　　因此，孩子若在從事高度專注的活動中呈現動作緩慢、精神不濟、效率不佳時，可以先讓孩子離開活動，轉移一下注意力，像是讓孩子折返跑、半蹲、手持水壺擺動、來回蹲站、左右轉動腰等，持續操作三到五分鐘。由於上述活動都是有速度感或者是受力的活動，能夠有效「興奮」孩子的警醒程度，讓孩子「增加精神」，這時候再從事需要專注的活動能比較有效率且維持專心度。

　　過去的老師叫我們想睡覺的時候站起來或去洗把臉，只能轉移我們的專注力，並不能有效的幫助提神。需要再增加一些刺激的運動，才會真正有效的趕走「睡意」。

了解洋洋的身體狀況後，老師在課堂上運用運動的技巧，的確有效改善孩子的「發呆恍神」。爸媽在家裡也同時一起操作，孩子也能有效率的完成回家功課及專注的學習。我們在治療室也利用動靜交替的方式，讓孩子在該專注的事情上更持久。

　　雖然洋洋不是所謂的 ADHD 孩子，不會有衝動或坐不住的狀況，但老師跟家長也反應不管是團體討論課或做功課時，洋洋還是有不斷變換姿勢的習慣，就像是身上有蟲子。一下子盤坐，一下子手撐後面，一下子又靠牆，在位子上也是一下子趴著、一下子癱靠在椅背上、一下子手撐著頭，讓老師與家長都覺得這樣動來動去如何能專注？這不是過動什麼是過動？

　　我入班後觀察他的狀況，發現這不是典型的過動，而是跟警醒度有關的生理問題——「低張」。

狀況 12：
孩子像蟲一樣動來動去、頻頻變換姿勢，怎麼辦？

　　▶▶關鍵忠告：「張力」（muscle tone）是身體內維持固定姿勢的力量，不需要額外的出力，這是一種生理現象也是一種體質。「低張」的原因通常跟遺傳有最大的關係，當身體張力不足時會感到疲累或無力，久了會不舒服，就頻頻變換姿勢。低張的人生理上呈現的特徵包括骨骼關節特別鬆

軟、軟 Q、弓背、W 型坐姿、站姿膝蓋後頂、走路拖拉、股骨內外轉（腳內八或外八）。整個軀幹就像是個軟骨頭，能靠就靠，能倒就倒。

祕訣 41：利用肌耐力的增加來彌補張力的不足。

張力就像是身體的能量與續航力。

想像一個人的能量用盡了，當然感到疲累或無力，本能就會尋找可以依靠的東西或省力的姿勢來讓自己舒服些。能夠改善的最好方法就是讓力量增加，因此透過運動提升孩子的肌耐力，能有效彌補張力不足的狀況。

那麼，彌補張力不足的狀況，做什麼運動都可以嗎？基本上當然各種運動都可以。

不過，張力不足跟續航力息息相關，所以訓練的運動最好能增加耐力，而非一般的跑跑跳跳。像是慢跑、競走、登山、騎腳踏車、游泳等就很好，而且運動的選擇最好是慢慢的但是持久的訓練。

許多家長問：「孩子能在公園玩一到兩小時，怎麼會有低張的問題？」

低張的問題不會單從孩子喜歡從事的活動來看（動機影響一切），通常要觀察整體的表現，像是有些孩子並不胖，但是肚子就特別大，這也可能是低張的特徵之一。

若是無法精準的判斷孩子是否符合此狀況，建議還是可以尋求專業的治療師來幫忙釐清。

祕訣 42：低張與警醒程度息息相關。

　　低張的狀況就像是洩了氣的皮球，感到身體疲累、精神不濟。這時候精神狀況不佳，警醒程度相對也會變差（生理狀況影響精神狀況），所以專注力一樣會跑掉，無法持續很久。

　　因此，運用增加警醒程度的方法，同時也能有效改善低張造成的專注力問題，可以參考「祕訣 39、40」。

很多孩子狀況跟洋洋很像，許多家長認為孩子長大就好了。其實就我的經驗，孩子隨著年紀增長，生理狀況與精神狀況當然會越趨成熟，但許多特質並不會隨著長大而改善。重點是家長要能了解孩子的狀況，一路陪伴孩子運用生活策略來面對生活中的挑戰。

　　在治療室裡，洋洋在家裡及學校的狀況幾乎沒出現過，因為不管是感覺統合的活動或專注力的遊戲都是他喜歡且有動機的，因此發呆恍神、不專注、頻頻換姿勢的問題真的是少之又少，所以洋洋需要的並不是醫療院所內的治療，反而是家中及學校的小策略才能有更多幫助。

　　到了國小二年級，我便請家長把診所的治療課轉換成替代性的才藝課。媽媽每天都帶他去騎二十分鐘的腳踏車，運用課餘時間去學游泳，課後的社團課讓他去踢足球。

　　洋洋上了小學並沒有接受學校的特教服務（無特教需求），雖然在課業上沒有很特別的表現，但是在班上也不會是老師覺得麻煩的學生。

　　我仍持續進學校去看其他特殊孩子。洋洋三不五時碰到我都會跟我問好。過去那個稚嫩、「蠻皮」的孩子越漸成熟懂事，我在他身上看到的是一般孩子擁有的自信。我相信他長大會越來越好的。

星星公主

自閉症

\# 嚴重固著

\# 自言自語

\# 社交問題

\# 我行我素

媽媽總是把欣雅打扮成童話裡的公主，不是連身洋裝就是公主般的紗裙。她就像活在自己的世界，常常眼睛望向遠方，自己開心的與自己對話、哼歌。

　　欣雅是典型的高功能自閉症個案。學前時念私立幼兒園，我並沒有接觸過，直到上小學後才被學校提出需要特殊生專業團隊服務。這間學校我服務至今超過十五年，學校的主任、組長、老師都跟我養成不錯的默契，對於特殊兒童的專業服務也都很積極的推動家長參與。

　　那年開學日的天氣特別熱，欣雅一樣穿著她愛的公主裝以及一身《冰雪奇緣》的圖案在諮詢室等我。我習慣形式上與孩子單獨互動十到十五分鐘，再讓孩子回到班級上課，接著才是家長的時間。我問她「班級、姓名、座號」，請她寫給我看。「楊欣雅，一年七班，十二號。」她機械式的邊回答邊「畫」出正確的字。基本上她簡單的日常互動與對談都沒問題，只是如果我沒多問她也不會多答，就是應付交差了事。我誇獎她今天的服裝很夢幻，她竟然跟我聊起《冰雪奇緣》，聊到連爸媽要進來都不停歇。時間到了，我請老師帶她回班上，接下來是家長諮詢時間。

　　今天主導話題的是爸爸。爸爸對欣雅的疼愛與包容真的非常多，也非常用心，但也被她吃得死死的。光這《冰雪奇緣》的喜好就佔滿欣雅的全部生活，老實說父母都很困擾，但不知道該怎麼改變。衣服、鞋子、水壺、鉛筆盒、鉛筆等所有身邊的物品，如果不是她的公主系列就開始鬧⋯⋯

狀況 13：

孩子喜好明確，甚至有固著性，怎麼辦？

▶▶ 關鍵忠告：每個人都有自己的喜好，孩子有自己的喜好我們可以尊重，但若是喜好太固執而不願意改變，進而影響到生活與學習，就應該要訓練其「彈性」的增加。

祕訣 43：利用減敏感法讓他的彈性增加。

自閉症的一大特質就是對於食物、玩具、穿著、興趣有獨特的喜愛與「瘋狂」的熱衷，他不喜歡改變或者去接觸不熟悉的事物。若是一開始就用太激烈的方法不准他接觸其喜好的事物，有的自閉症孩子會用非常激烈的手段來表達抗議及不滿（失控、崩潰、尖叫、傷人、自傷）。

建議剛開始可以找類似的角色或卡通的配角來讓他「退而求其次」，例如：本來每次都只選擇艾莎公主，可以鼓勵哪天選擇安娜公主、雪寶、漢斯，如果接受度提高了，就試著讓孩子接觸長髮公主、阿拉丁、灰姑娘、白雪公主、睡美人等「其他公主」，讓喜好範圍慢慢擴大。

如果孩子的彈性及接受度持續再增加，這時候再開始導向接觸非公主類的蘇菲亞、Dora、彩虹小馬、角落生物等等。

對於喜好的玩具、衣物顏色、學習科目，甚至是食物都可以進行類似的操作。

祕訣 44：利用洪水法讓孩子沒得選擇。

　　能夠不強迫，透過引導慢慢改變當然是最好的。但是有些孩子非常頑強，「非ＸＸ不要」，這時候只能用「沒得選」的方式來硬碰硬（通常這招比較適合學齡前），例如：艾莎的鞋子拿去洗了還沒乾，今天只有安娜的鞋子可以穿，如果不穿就只好光腳去學校。等到孩子「被迫接受」了，改天再換成雪寶的鞋子。

　　如此操作四到五次，孩子雖然口頭不願意，但其實已經能默默接受改變與喜好的變換。再來就是就讓孩子養成不這麼固定的喜好，當孩子一沉迷新的事物就轉換，如此一來孩子會變得比較好相處。

祕訣 45：對於堅持度高的孩子唯有比他更堅持。

　　喜好這件事說嚴重不嚴重，怕的是「固著性」會讓孩子去「挑」有興趣或在行的事物。

　　小的時候可能無所謂，但長大去挑學習的科目，例如：數學邏輯強便沉迷算數，而文字理解相對弱就放棄國文的學習。因此建立孩子「無論喜好與否，樣樣都需要嘗試」的心態是我們的最終目的。

　　自閉症孩子比一般孩子堅持度更高，不經過幾番折騰或崩潰很難改掉惡習。如果想讓孩子建立良好的觀念與心態，做父母的得非常努力，比他們更堅持是一定要的。

祕訣 46：增加彈性後可以用固著的事物適時給予增強。

　　孩子畢竟是孩子，在還小的時候都好「拐騙」。許多自閉症孩子會有特殊癖好，例如：喜歡撕紙、摸直直滑滑的長髮、收集名片或廣告單等。當孩子跨出去一步或增加彈性的時候，可以把孩子特殊的喜好當成正增強，例如：先前有孩子不願意穿紅色以外的衣服，當他願意穿橘色或粉紅色，就請媽媽拿回收箱的紙給他撕；只要這些特殊癖好沒有衛生以及安全疑慮，在可以接受的情況讓孩子去做其實也無傷大雅。

　　我們建立孩子良好行為的過程中，要以先認清楚輕重緩急。比起怪異的喜好，打破固著性真的難得多。父母可以斟酌評估，哪些事情的改變對於孩子來說是重要的。

兩個月後又到了第二次見面的時候。欣雅穿的是彩虹小馬的衣服，開心的跟我介紹身上小馬的名稱。很高興父母有把我們的建議聽進去，讓孩子有不同的喜好。

　　這次只有媽媽出席，但一見面媽媽就拿出小筆記本（裡面列滿了爸媽討論的問題），很興奮的與我討論孩子的狀況。班導將欣雅送回班上後，也開心分享開學至今的進步與改變。

　　老師提到孩子在班上適應狀況不錯，只是畢竟小學後會有許多學習的進度和壓力，雖然欣雅大部分在班上都乖乖的，但上課中常會「碎碎唸」或者哼歌，下課時間也對著窗外喃喃自語。

　　其實孩子在家裡也會有這些行為，只是父母從小就習慣她的這些行為，便不覺得有什麼特別的。不過在學校的團體生活中，老師擔心孩子除了影響自己的學習，也會干擾到同學上課，另外也擔心欣雅長時間活在自己的世界，無法與同學互動交流。

　　我提出了一些建議讓老師在學校執行，看看是否能改善孩子出聲音的狀況。

狀況 14：
孩子會自言自語，活在自己的世界，怎麼辦？

▶▶ 關鍵忠告：不管是自言自語、角色扮演或活在自己的想像空間，都是孩子正常的發展。重點是如何不影響現實生活，又能兼顧孩子的自我創造能力 —— 這是需要一點技巧的。

祕訣 47：與其完全禁止，不如達成平衡。

其實除了自閉症的孩子，許多孩子也會因為各種因素在該安靜的時間出聲音或自言自語，或許是他沉浸在自己的世界，或許他的腦子裡突然出現什麼靈感或畫面；有時候這樣的行為是非自主且難以克制的。

強力的制止孩子只會限制孩子的創造力或造成更大的壓力，我建議老師在課堂上可以跟其他同學宣導，並且適時給予孩子提醒，讓孩子學習做自我控制，像是將說話音量盡可能減小到不影響他人。這樣不僅滿足孩子的小世界，也能試著習慣在不同的情境有不同的表現，重點是其他同學們也能慢慢適應。

在課堂上適時將孩子拉回學習也會減少分心的狀況，老師、同學與孩子都要一起慢慢調適。在家裡亦是如此，全家一起吃飯、看電視、玩樂的過程，也要提醒孩子控制其音量，讓孩子不管是在家或學校都養成自我控制的習慣。

祕訣 48：利用課餘時間投其所好。

明顯擁有小世界的孩子，總是喜歡沉浸在自己有興趣

的事物上。試著引導孩子說出自己的喜好（卡通、玩具、事件等），利用課餘時間讓孩子主動或被動分享自己的喜好，除了讓小世界有出口外，也增加了孩子與同學互動的機會。

孩子或許對正規課程中的學習是沒興趣且缺乏成就的，因此在課業學習外，要尋找孩子有興趣且願意參與的。

可以試著讓同學去了解孩子的喜好，也可以被動的請同學讓孩子參與他們的世界，例如：如果孩子對昆蟲、植物非常沉迷且精通，老師利用生活課或下課時間讓孩子與同學分享，甚至成為小老師指導其他同學，增加彼此的共同話題。

祕訣 49：讓孩子知道現實與虛幻的區別。

有些孩子在自己以為的小世界中，變成了主導者、英雄、公主，想像力無限延伸，甚至有些無法區分現實與虛幻的情境，例如：覺得世界上有恐龍、神奇寶貝、鋼鐵人。

其實這在發展過程中是正常的。但是，對於這種孩子，需要特別的給予現實與虛幻的區辨嗎？讓他們知道卡通、電影、故事的某些情境是虛構或假想的？

換個角度，當我們聽到或看到一個訊息或新聞，會立即知道真假嗎？即便是大人都需要「蒐集」、「佐證」才有辦法判斷許多事件的真偽，更何況心智發展尚未成熟的孩子。

與其馬上打破孩子的虛幻世界，不如針對「有意義」的議題去討論，讓在幻想世界的孩子也能得到正確的學習，例如：討論恐龍滅絕引申到生態與環境教育、神奇寶貝引申到愛護動物、鋼鐵人也是經過多次失敗才成功完成盔甲等等。

若是要把孩子拉回現實，不見得要用否定虛幻的方式，而可以結合孩子的想像，例如：「你想要像公主一樣漂亮，那就要早點學習自己吹頭髮、綁頭髮。」等到孩子的認知發展到一定的成熟度便可以慢慢區分。

祕訣 50：適度引導，避免孩子過度認真、陷得太深。

　　孩子如果過於沉浸在幻想世界，除了會無心於真實生活應該做的事情，還會嚴重影響到學習與人際關係。試著利用轉移、拉開話題的方式，不要讓孩子鑽牛角尖，只專注在自己的世界中，否則就會變成「不想長大」的孩子，用「虛幻」去逃避「現實」，例如：「我知道你很喜歡艾莎公主，但是你的功課要先完成，我們再來看看故事要怎麼進行。」、「神奇寶貝固然有趣，但是你忘記吃完飯應該要先做什麼了嗎？」。

　　也可以把沉迷的情境當作正增強，來完成現實中比較沒興趣、引不起動機的事物。適當的想像力可以幫助孩子創造、學習，最終目的是決定想像力與實施可能性的正確與否。父母不能讓孩子的想像力一直停滯在胡思亂想的階段，要引導孩子提出問題、假設場景、親身參與等，讓孩子充分發揮想像力的同時，培養解決問題的思維。

　　許多孩子無法釐清或尚未有分辨的能力，如何在保有孩子想像空間又不影響現實生活的前提下，去拿捏對孩子的引導？這時候大人的角色就很重要。

提到自閉症，在學生時期最讓人擔憂的莫過於人際互動及社交技巧的缺乏。許多父母都渴望孩子能夠與同學能多一點交流，欣雅的父母也不例外。

當她適應學校生活良好後，父母最常跟老師關心的不是功課或學習，而是在班上有沒有好朋友？會不會跟同學聊天？下課有一起玩的朋友嗎？可想而知，當然是少之又少。

我提出了一些方法與策略來幫助欣雅建立人際互動的機會。進一步，也請父母思考：實際上是父母希望欣雅交朋友？還是欣雅渴望友情？

狀況 15：
孩子不喜歡與人打招呼，不願意與人互動，怎麼辦？

▶▶ 關鍵忠告：為了孩子的進步，我們可以刻意的去創造一些情境讓孩子練習參與，若是要孩子擁有能力卻要尊重她的特質，那可能成效會比我們預期的還要更久，是否主動出擊是父母需要思考的。

祕訣 51：說出成功的第一步。

許多孩子跟自閉症的孩子一樣不喜歡眼神接觸，也鮮

少與人主動互動，這時候可以選擇尊重孩子的意願，也可以「半規定」要求孩子「機械化」與人打招呼，排除這個孩子是否有教養的議題，讓孩子先學習應該有的社會性行為。

我請老師要求欣雅每天到校固定跟老師說早安，中午固定說午安，放學固定說再見。

先排除眼神的對視，建立口語的習慣，一個月下來她能很制式化的跟老師打招呼。

接下來要求增加一位她最熟悉的同學，然後在家裡也要求她跟管理員做一樣的練習，之後再持續延伸到早餐店老闆、常去便利商店的大姊姊、常見鄰居、公園常見的姊姊。

漸漸的，打招呼成為她的日常，她不覺得彆扭也不覺得有什麼特別，這時候再提醒她要看人，讓冷冰冰不理人的自閉身分離她遠去。

祕訣 52：成為眾人的小幫手。

當學校的老師與她建立良好的關係，這時候是該好好利用老師的「神力」了。

除了打招呼的練習外，請老師安排她當收發聯絡簿的小老師，每天早自習要固定的照號碼跟同學收聯絡簿，放學前也要發聯絡簿。

我們善用自閉孩子的固著性，重複又制式化的行為模式讓她做得得心應手。機械化的口令：「ＸＸＸ同學，請繳交聯絡簿，謝謝！」雖然是冰冷無情感的話語，卻增加了欣雅與同學的互動，同學也會謝謝她。

幾週下來，老師覺得她飛快的進步了。於是，我們再討論讓欣雅擔任「送檔案長」，讓她可以幫忙送公文或資料到各處室，這次的台詞則改為：「報告，一年七班楊欣雅來送資料了，謝謝！」

慢慢的，各處室的行政人員、老師都認識她，時而給她不同的回饋與鼓勵，時而多跟她一些互動。

欣雅比起開學時已越來越能應付各種「罐頭話語」，可以說這次的訓練真是大成功。

祕訣 53：讓其他同學當個好的監督者。

欣雅的認知能力不錯，因此她在學科上的學習並沒有落後太多。當她入小學的時候，資源班的服務只有一週兩次的生活訓練和社交技巧。

剛開始到資源班上課時都必須有小天使引領她過去，剛上學時也因為很多時間活在自己的世界，而影響班上課程的參與。老師說要翻頁、拿文具、拿不同課本，同樣都要小天使的幫忙。

或許是溫溫的個性讓她非常受到同學的照顧，時時刻刻都有同學牽著她的手，連上廁所都有人陪伴。

兩個月過去，各種文具課本、學校廁所、資源班等她都非常熟悉了，因此我請老師跟班上同學宣導，既然大家都這麼愛欣雅，反而不需要處處幫她，而是可以適當地提醒她或監督她，不要讓幫她這件事情成為她的「固著性」，這樣她的獨立性與能力才會進步。

祕訣 54：讓興趣與玩樂成為友誼的橋樑。

　　所謂物以類聚，孩子跟孩子之間亦是如此。在認知發展成熟以前，同儕之間的互動多是透過相同的活動、遊戲、興趣，因此想要讓欣雅多跟同學交流，不需要過多的口才與眼神，而是必須具備同年齡「玩的能力」，不能只侷限在有興趣的事物上。

　　因此我請資源班的老師教她玩桌遊、UNO，請父母教她打球、玩撲克牌、下象棋，當同學雨天不能往外跑時，大家會圍著一起玩牌、疊疊樂、下棋，雖然欣雅不擅長用言語跟同學互動，但是好的棋藝常常把同學弄得嘖嘖稱奇，同學間好不歡樂。

　　我也請欣雅的父母讓孩子去看時下最流行的寶可夢、柯南、哆啦A夢等，不管她看不看得懂，至少知道裡面角色的名字，當同學在談論卡通的過程她也多少能參與，而非局外人，這讓欣雅的人際關係開拓了不少。孩子跟大人一樣，不需要同等學歷、同樣的認知能力，只要有共同的興趣與話題便可以交朋友。

學期快結束，我最後一次進校，已經沒有欣雅的服務時數。剛好另外一位過動的孩子跟她是同班，父母親因為工作忙碌從來沒有參與諮詢過，老師跟我聊聊後便將話題又回到欣雅，跟我分享她的進步與改變。

　　不過，老師在轉述爸爸的擔憂中提到：「為何同樣的狀況在學校可以訓練得很好，在家或才藝班就沒辦法？」

　　欣雅在家依然是我行我素，在才藝班也因為上課時數少、學生也少，出怪聲音、躲在自己的小宇宙、不理人，以及少與他人互動的情況依舊。這讓爸爸顯得很挫折，也讓媽媽整天尋求老師的協助。

狀況 16：
孩子在不同環境有不同表現，怎麼辦？

　　▶▶ 關鍵忠告：人本來就是多面向。在不同的環境與不同的人相處自然展現不同的自我，甚至出現不同的語言。孩子亦是如此。若有不同的要求、不同的標準，當然表現不同。

祕訣 55：相同的要求，一致的標準 SOP。

　　要建立這類孩子良好的行為模式，最好的方法就是把

要求的方法、指令、SOP，在不同的環境中執行。

　　彈性差的孩子剛開始不會區分情境，什麼時候該說什麼話？事情該做到什麼程度？與其對他很高的期望，不如先讓他能夠「做得到」比較重要。

　　比如先前的例子，先制式化的打招呼，建立行為習慣後再要求眼神注視，也就是「先求會，再要求品質」。既然在學校的成效很好，可以用班上老師的方式為標準，在家裡及才藝班、資源班都相同的要求，一致執行，塑造孩子「只要看到人就打招呼」的觀念，這個社會性行為就會完整的建立。等到孩子長大，認知發展更好，她的自我判斷能力才會出現 ── 有沒有需要？適不適合？ ── 區辨能力會趨於成熟。

祕訣 56：不會舉一反三，那就經驗取勝。

　　許多的孩子在學習新技能或者新的行為模式後，未來在不同的環境與情境碰到類似的狀況，便會以過去的經驗來套用。偏偏像欣雅這樣的孩子「類化」能力很弱，所以不會把學校習得的成功經驗套用在家庭、才藝班、資源班，即便經由「祕訣 55」的方式讓成功經驗延伸至家庭、才藝班，但若是三年級換班，或新增安親班、課後班，有可能因為全新的環境，又把孩子「打回原形」。

　　最好的方式就是不斷的「跨情境」，只要在任何環境碰到任何人，就是重複演練。

　　不斷延伸操作的環境，學會了就再繼續複製相同模式，日積月累下來，孩子便能習得如此技巧。

如同過去我自行訂下的服務習慣，新生剛進來必然投入最大量的心思與家長跟老師溝通，來幫助孩子更快適應學校生活，一旦家長、學校配合，策略與建議也實行成功，我們會持續追蹤至二年級。若孩子的新問題也都一一解決，關鍵就是觀察到三年級換班及換環境的適應。

　　由於新舊老師的交接，延續了對欣雅的調整教育，三上開學至期末，她也都適應得很好。我便協同老師、組長、主任在期末會議上將她結案（職能服務），將資源留給其他需要幫助的孩子。這對我來說是最開心的，意味著自己的專業有發揮的成效。後續也有進該校服務其他孩子，或許是欣雅自閉的特質，我不曾在學校下課時碰過她，也慢慢將她淡忘——畢竟每年診所加上學校，要看數百個小孩。

　　幾年後，我跟欣雅的低年級老師聊天，她告訴我欣雅已經升國中了，還遇過她跟媽媽一起買便當。欣雅的身材壯碩了不少，稚氣的臉上也多了些成熟，雖然眼神一樣不敢直視人，卻能開心的跟老師打招呼了。

暴龍勇士

情緒障礙

失控易怒

行為問題

極端教養

運動用藥

那是颱風天的前夕，診所等候區裡，媽媽焦慮的反覆看著牆上的燈號，好像一刻都不容緩想衝進診間找醫生，手上還拿著一疊重重的文件。旁邊坐著一位神氣十足，眼睛炯炯有神的男孩，俐落的短髮加上精緻的臉蛋，神態自若拿著媽媽的手機，嘴上不時露出微笑，開心的玩著。我在課間交錯的時間跟其他家長討論今天上課的內容後，到外面的飲水機裝水，這是我與阿正的第一次接觸。

　　到了評估當天，先讓孩子進教室參與三十分鐘人際互動的課程，除了觀察孩子的活動表現，也順便看看醫院的診斷報告。

　　或許是第一天上課，阿正除了自信、好勝，口語表達能力也非常好，不像是醫院診斷的 ADHD。最後十五分鐘與媽媽晤談，又看見那份大疊的文件，原來是學校老師的觀察記錄阿正種種在學校的狀況。

　　阿正於三年級上學期時，透過老師的提報特殊生，以「情緒障礙」的身分進入資源班的服務，所以剛剛在治療室的樣貌可能是「假象」。文件內呈現阿正在學校的「惡形惡狀」：因為一點小事就暴怒、非常愛生氣，而且常常脾氣一來就影響整堂課，相對的也影響到班上課程的進行。

　　兩星期後我剛好到阿正學校，更發現阿正如果舉手沒被叫到、被糾正錯誤、被同學告狀，或是同學不按照他的遊戲規則就暴怒。柔弱的老師眼中充滿了委屈，好像被這個小孩吃得死死的。

狀況 17：
孩子愛亂發脾氣，怎麼辦？

▶▶ 關鍵忠告：只要是動物，都會有情緒，重點是發脾氣的原由、時間點、事件，都是該好好與孩子探討的重點。

祕訣 57：不要受到孩子情緒的波動影響。

大部分的孩子在不符合期待或無法滿足他的需求的情況，會用哭泣、發脾氣的方式來表達，那是很正常的。

大人知道何時需要適可而止，但孩子往往因為種種原因，例如：同學的指責、父母的大聲斥喝、大人的威脅、眾人的關注眼光，而有可能抱著「豁出去」的心理，築起更堅韌的自我防禦，提升自己的「勇猛」來對抗周遭的威脅。

所以在班上或家裡也好，盡量做到「冷處理」、「冷回應」，像是可以跟孩子說：「你這麼激動我沒辦法跟你溝通，先冷靜，我先上課等你氣消了我們再來討論。」或「你現在有很多的不滿，先讓你發洩完我們再來聊，我先去煮飯。」

有些孩子能夠學習著配合，但有些會更「爆裂」。這時我們只能更加「淡定」，因為要學習自我控制的是孩子本身，他需要一點時間消化。

絕對不能硬碰硬，這通常只會讓他的情緒大到失控。所以我常說，碰到這類孩子的父母與老師就當成自己在好好「修行」。

<u>祕訣 58：只求冷靜，逃避問題。</u>

　　孩子在有情緒的時候，會一直針對不滿或者自身的錯誤去「討戰」。由於正處於「不理智」的情況，所以自我防禦及攻擊性都非常強。我們除了要保持冷靜外，還要四兩撥千斤，先不與他爭論或講道理。

　　試想，連比較理智的大人在爭吵的時候都沒好話，也常常會越吵越兇，孩子的自我控制力當然更差。所以，任何能讓孩子冷靜的方法都是好方法，例如：抱抱他、不生氣可以吃好吃的、一起來討論、靜坐、玩玩具、聽音樂等，不管是利誘或者轉移，等到孩子氣消再來面對所謂的是非對錯。

<u>祕訣 59：鼓勵主動表達情緒與感受，以身作則。</u>

　　我們把孩子當成寶貝給予許多關注，所以當他眉頭皺一下、嘟個嘴、吼叫一聲或哭鬧，往往父母就知道孩子的需求與感受，讓現在的孩子不習慣主動表達自身感受。

　　平常孩子有任何需求、喜好、感受、心情，做父母的都應該引導與陪伴孩子學習講出心中的話，即便是「批評父母的管教」，家長們也需要虛心接受，來跟孩子解釋與道歉。因為我們雖是父母，也有犯錯的時候。

　　若是父母沒辦法以身作則學習接受批評，甚至吵架的時候彼此惡言相向，難道孩子不會學習模仿嗎？

　　想要孩子有脾氣的時候可以快快冷靜，身教就是最好的教材。如果連父母都做不到的事情，如何去要求孩子呢？

在教育孩子的過程中，父母的自我成長也是重要的。

祕訣 60：建立一個安全的庇護區域。

　　許多孩子在有脾氣或情緒時需要別人關注的眼光，但過多的關注反而讓他們的面子掛不住。除了冷靜的告訴他要學習控制自己的情緒外，或許可以在他有安全感的情況下，給他一個小小的私人空間讓他靜一靜，例如：學校在班級後面安排一個冷靜區座位，或是在家裡讓他躲在自己房間。

　　就像大人心情不好會想出去走走、獨處一陣子，在這個私人的庇護區域，沒有過多的注視、他人異樣眼光，以及表情的影響，這讓孩子的情緒能夠冷靜得更快。

　　不過，千萬不要選擇廁所等黑暗的、嚇人的地方。這或許會有效的遏止他的當下情緒，但衍生而來的問題，是他可能對於獨處、黑暗產生過度的恐懼，甚至有的孩子會嚇到歇斯底里，哭鬧得更嚴重，反而事倍功半。

我們討論出來的「冷處理法」，也請媽媽在家裡執行，甚至在處理的過程中，加入「時間」的元素，訓練孩子在特定的時間之內完成冷靜練習，或者讓他自己心裡默念數字：一數到一百後要冷靜，再慢慢縮短時間區隔。等到孩子靜下來再處理造成他不滿的問題。

　　幾個禮拜下來，孩子漸漸縮短了「不爽」的時間。

　　我們很清楚的將「情緒」與「造成原因」區隔了開來。

　　或許是學會自我控制，也或許是自我壓抑過大，阿正發脾氣的頻率低了不少後，讓人更困擾的是偶爾發脾氣會打同學。他其實在家裡也有如此狀況，常會跟妹妹搶玩具或妹妹不依他就動手，有時也會握緊拳頭發出吼叫，甚至還有幾次也向媽媽動手。

狀況 18：
孩子生氣的時候會打人，怎麼辦？

　　▷▷關鍵忠告：一個不當行為出現後，若無法有效制止或處置，就會造成它重複出現，導致惡性循環。

祕訣 61：一視同仁，賞罰明確。

不管是在班級經營或家裡教養的角度，孩子的個性、表現、遵從性都有個別差異。

人往往會有既定印象或偏心的狀況，建議老師立下班規、父母立下家規，無論表現良好或不當行為，賞罰、懲處都不應該因人而異，而是要公平、明確、一致，這樣孩子才能有清楚的界線，知道什麼事該做、什麼事算犯錯。

家裡若是有許多長輩，更需要由主要照顧者來統籌，明定該有的規範與罰責，其他的家人一起遵守相關規定。倘若無法照著規矩執行懲處或獎勵，那就全權交由主要照顧者執行，而不要成為家中的「豬隊友」。

在班上也是如此，老師對學生一視同仁，誰奔跑、遲到、未交功課、罵人、捉弄別人，都有清清楚楚的處理程序及「發生的結果」，而不是針對特定的學生。

同樣的規定與要求也要統整至科任課，這樣才能讓孩子受班規的約束，並且明確理解並遵循，久而久之也讓孩子學會自我控制。

祕訣 62：不論打人背後的原因，都要處理。

「為什麼要打人？你知道這樣是不對的嗎？」這是父母與師長最喜歡追問的。了解事情發生的緣由可獲得幫忙孩子的方法 —— 是單純的行為問題還是生理上無法控制 —— 這是我們要釐清及面對的。

若是單純的行為問題就要靠行為去校正，我們都期望每個孩子能發自內心想要有好的表現來得到他人的肯定，但

若是孩子無法「自律」，是否要在這之前運用更多的處罰與獎勵來達到「他律」呢？

不管是故意還是非故意的，事情都發生了，「造成別人的困擾與傷害，必定要付出代價」是我們要讓孩子學習到的。重點不是「道歉」，而是讓孩子真的意識到這樣的行為是「犯錯」。

許多聰明的孩子知道趕快認錯就沒事了，那麼，被這些抱著僥倖心態孩子欺侮的同學就比較吃虧嗎？過去我最常見到孩子被處罰完，當你問他做錯什麼，他回答：「我不乖，所以被爸爸罰。」或「我惹老師生氣，所以被罰寫。」但具體而言不知道究竟做錯了什麼。

所以，當我們處理完孩子的行為問題，還要再跟孩子做一次確認，問他：「你知道為什麼被處罰嗎？」或「說一次你剛剛做錯了什麼？」這樣孩子才會針對錯誤加深印象，才是有效的處理。

若是孩子說：「我知道不能打人，但是我無法控制。」則屬於生理層面的問題。至於是否需要醫療上的幫忙，就交給專業人員來評估與協助。

祕訣 63：良好的行為只能靠行為去塑造。

我最常在學校一起跟老師、父母擬定所謂的「行為檢核表」，透過行為的矯正來讓孩子建立良好及正向的行為，就是先前所提到的「他律」。

首先要訂定明確的目標（不要用乖不乖這種籠統的方

式來訂定），例如：生氣的時候可以在十分鐘內平復心情、不經過他人同意不擅自拿別人東西、不用肢體接觸做出讓人覺得不舒服的行為、不去碰撞同學、我不欺侮ＸＸＸ同學等等。

再來就是訂定得分標準，例如：給孩子三次的警告，若是犯錯超標就不給分 ── 若一次定生死，孩子可能永遠無法達標；用給兩次以上機會的方式，讓孩子注意自己的行為來學習自我控制。

最後結算達到一個總分目標時可以得到獎勵，表現不佳的時候必須付出某個代價。

我們都建議給孩子獎勵，畢竟是鼓勵孩子變好的初衷，除非碰到「吃硬不吃軟」的孩子，那只好找他討厭的事情或者剝奪他的權益來處罰。

千萬記得行為矯治不是一種交換，例如：並非「媽媽給我玩手機我就不打人」，而是「我學會自我控制不打人，所以媽媽獎勵我玩手機」。

有付出改變而有收穫的概念，這是在生活中許多父母都會搞錯的觀念。更重要的是千萬別亂開達不到的獎勵，例如：你再亂罵人這週就不去住飯店（明明飯店已經訂好，朋友也約好了）；你再動手我就把你最愛的積木丟掉（一套好幾千，爸爸捨不得）。

最重要的，就是許多父母最常犯的錯 ── 標準太高，孩子永遠達不到。

我常建議老師與家長，只要孩子努力付出、想要變好或改變，初期就偷偷「放水」讓孩子先獲得成就，例如：可以跟他說：「雖然你還差五分，但是媽媽看到你的努力幫你加

三分、老師幫你加兩分，所以你完成了，可以得到獎勵，下週繼續加油。」

過去二十年，透過行為的矯正與塑造，我至少幫數百位孩子獲得自律的能力。隨著孩子成功塑造良好的行為，再針對其他新的問題改變標的行為，孩子在自我變好的過程中也會獲得成就，不好的行為也一一獲得改善。

祕訣 64：給予適當的發洩。

有些孩子生氣的時候，必須藉由身體透過「敲打」來做出壓力或情緒的釋放。若是孩子渴求這種感受，為何不創造一個安全又可以讓孩子滿足釋放的情境，好好讓他宣洩呢？

與其打人，不如透過打枕頭、打娃娃、打沙包、敲棉被來做轉移。曾經有位孩子喜歡用腳踹人、踩人，我們就建議與其針對同學，不如先踹桌子、踢牆壁。孩子在宣洩的過程中，有可能施力不當導致身體不舒服，或許就能在這過程中改掉壞習慣。我知道很多的專家學者不建議，但在不得不的情況下，總比直接傷害到同學好吧！

家人表示阿正從幼兒園到現在，其實一直都有打人這個狀況，隨著年紀增長與成熟似乎有好一些，但仍會零星發生。過往學校與家裡的處理方式，多半是把他罵一罵然後跟「受害者」道歉就了事。但是卻嚴重影響他的人際關係，幾乎沒有同學要跟他玩。

　　此外，在家中，阿正只怕爸爸。每當媽媽好好說卻沒效果的情況下，爸爸若受不了，就是使用威嚇處罰的方法來解決，阿正才會乖乖就範，盡快收拾情緒，不再胡鬧或欺侮妹妹。所以當媽媽沒輒的情況下，只要請出爸爸，事情總能得到處理。

　　這在我看來是不對的，因為畢竟這是使用「威權」來嚇阻，不是一個解決的方法。

狀況 19：
孩子只害怕威權管教，怎麼辦？

　　▶▶ 關鍵忠告：孩子害怕威權，在成長過程中不見得是壞事，但可能練就孩子挑戰大人的心態。

　　祕訣 65：極端又不一致的管教會造就孩子「看人」表現。

　　這是一般家庭最常見到的現象，父母兩位一個黑臉一個白臉，白臉講不聽黑臉才出來處罰，就像阿正看起來只怕

爸爸一樣。

由於爸媽的處理方式及管教的「氣勢」不一致，會讓孩子變得嚴重的「欺善怕惡」。同樣的問題與行為在爸爸面前都不會出現，可是在媽媽的面前一犯再犯，表示阿正遵循的不是行為本身的是非對錯，而是在不同人前面有不同的表現。

養成投機的心理，就不會發展「自律」，而是單一威權的「他律」，所以父母在管教上的溝通就特別重要。媽媽應該有所要求，爸爸將強度減弱，針對孩子的表現加上「行為的矯治」來讓孩子穩定情緒與行為，例如：不管是爸爸面前還是媽媽面前、不管心情好壞、不管父母心情好壞、不管在家裡還是在阿公家，都不能打妹妹。

我們強調的是「不能打妹妹」的行為，而非媽媽好說話、爸爸會修理，讓他出現不同的行為。若是只要打妹妹，他就不能看電視，就不會因不同人的不同處置方式而有不同的行為表現，也能成功的塑造「打妹妹是錯的，要付出代價」的概念。

祕訣 66：打罵教育會造成孩子身體的適應。

在孩子還小時因為溝通理解能力尚未發展成熟，還是「半獸人」的時期，透過打打小手心、拍打屁股、捏一下手臂來做制約或是行為的修正是偶爾可行的，但越到長大，我就越不建議打罵的處罰方式。

怎麼說呢？先不探討會不會有心靈的創傷或體罰的法律問題，而是實際上到底有沒有用。人對於感覺的適應能夠

漸漸降低敏感，而且在過去的臨床經驗上，通常用打罵來教育孩子的只會「越打越重、越罵越大聲」，因為孩子隨著年齡的增長，其承受度會越來越強。

常常吼叫孩子的家長一定會發現音量要不斷提升，因為孩子若是習慣一定的音量，沒有更大聲他們是不會怕的。這種透過感官的管教會因為長期的「疲乏」而漸漸失去效果，只好用更大的力道及更大的音量才有嚇阻的效果，真是傷身又傷心。建議還是透過尋找孩子喜歡或討厭的事物結合行為矯正，比較合適。

<u>祕訣 67：當威權不在不代表可以犯錯。</u>

上面提到，極端的教養造成孩子「認人不認錯誤」的問題，更麻煩的是孩子會把這樣的習慣與做法延伸到學校。當學校老師的管教強度沒有辦法像爸爸這麼強的情況下，「欺侮媽媽」的行為就會複製到老師身上。

大家也知道現在的教育是不能打、不能罵、不能體罰、不能過度要求，學校的約束能力相當有限。若是孩子本身認知到自己的行為是錯誤的而想要變好，那可塑性就非常高，但若是孩子「天不怕、地不怕」、「油條」了，學校真的會天翻地覆。所以適當的與家長溝通，除了夫妻針對行為問題的一致性處理，學校老師也要連同科任老師、學校助理、愛心媽媽等，有共識的來共同規範孩子。

學校最常犯的錯就是「因為他們是特殊孩子，所以他們可以免責」。特殊孩子的確需要特殊協助，我們可以多一點愛心、多一點耐心，然而是非對錯的建立是不能夠因人而

異，不然之後這些孩子甚至會把自己的「特別」當成犯錯的「藉口」，例如：「我就是情緒不好才會打人啊！」、「沒辦法啊，我都吃乖乖藥了！」

祕訣 68：無計可施的情況，威權成為最終負增強。

如果你要問我最怕哪種孩子？我會告訴你是「軟硬都不吃的孩子」。

過去也有類似阿正的孩子，不管我們多麼正面、一致，擬訂出許多規範，但是獎勵或處罰都沒效。不給他集點也沒關係，不讓他下課就在教室玩，罰寫就故意慢慢拖，不看電視就玩玩具，不給手機就發呆，就是整個「不在乎」，唯一怕的就是老爸。

最後我們只能善用這點，把行為矯正的負增強加入「爸爸元素」，被記幾點就傳訊息給爸爸，不然就打電話給爸爸。爸爸回家會「處罰」，甚至行為問題過多的時候回家會被「按表出操」。

雖然不是很好的方法，但也只能先善用爸爸的威權了。當然，先決條件是爸爸也願意共同參與，正視及協助處理孩子的問題。

隨著每學期期初的檢核表修正，阿正也在我、老師、媽媽的訓練之下減少行為問題。

爸爸也曾幾次到診所來了解與孩子互動的方式（因為阿正就是遺傳到他的爆炸情緒，爸爸怕等到他長大後衝突會更激烈）。

藉由大家的努力，阿正甚至在四年級下學期還當選班上的模範生。

不過，媽媽表示阿正雖然沒有了行為問題，但情緒的波動還是很大，甚至影響他的功課及同儕的情誼（雖然忍住不動手，但有時候管不住嘴巴）。

到了五年級上學期，由於整天課程的日子變多了，功課變得較難，老師發現孩子的專注力也受到情緒的影響，成績開始明顯下滑。我建議媽媽再次回到醫院做專注力評估。阿正雖然沒有到過動，但醫生確定孩子有容易分心、注意力不持久的狀況，建議使用藥物。

狀況 20：
孩子有情緒問題或注意力不集中的過動症，需要用藥嗎？

▶▶ 關鍵忠告：用藥就像食補，沒有絕對的好壞，只有結合醫療、特教專業的建議及孩子的需求來做完善的考量。

祕訣 69：用藥沒有好與壞，只有孩子需不需要。

由於自己也算是醫療人員，每天的日常就是跟很多家長和老師接觸，這幾年常常收到有關藥物的詢問。

我畢竟不是醫生，沒有開藥的權限及資格，但我會分析藥物使用的成效、副作用讓家長跟老師做參考。

排除支不支持藥物使用的立場，個人覺得使用藥物的原則可以從兩個方向去考量：

1. 是否在生活及學校中，影響到學習及人際關係？

2. 是否在生活及學校中，「干擾」到課程進行及日常作息？

我們常說學習是需要成就的，若是孩子想要變好，但礙於生理問題無法讓他在學業及行為上有所進步，他就會自我放棄或「擺爛」。因此建議父母親在考慮用藥時，可以用「試吃」的方式來觀察藥物對孩子的幫忙。

父母可以通知老師已開始服藥，一起觀察孩子學習情況是否改善？衝動控制是否增加？情緒是否穩定？問題行為是否減少？是否能更專注學習？聽話做事是否更有效率？孩子是否無法承受副作用？

如果兩週下來覺得不適合，再與醫師討論後續是否使用藥物。

我身為治療師能治療就治療、能訓練就訓練，教養策略能指導家長就盡力而為，但是生理問題是無法去改變的。

是否用藥，這個困難的抉擇還是需要家長來幫孩子決定。

祕訣 70：讓孩子知道藥物對自己的影響。

　　通常像阿正這麼大的孩子有情緒、過動、專注力的問題時，許多醫師會考慮直接使用藥物最快、最有效，但行為的矯正與心理問題的疏導也很重要。

　　我建議讓阿正在使用藥物前後去了解身體的差別，他發現：腦子變得很清楚、寫功課變快了、聽得到媽媽的叮嚀、考試會記得檢查。

　　再來則要他知道「不可能一輩子都依賴藥物」。當藥效過了以後要怎麼去面對環境、人際、生活，無論是嘗試自我控制、想辦法轉移情境，或是找時間宣洩抒發，這些都需要慢慢去學習。

　　的確，長大了以後神經系統越趨成熟，自我掌控的能力會越好。但是，如果還沒長大，藥就沒效了，怎麼辦？這是我對於小學中高年級以上服藥的孩子會跟他們去討論的議題與建議。

阿正小六以後我就沒見過他。經由學校特教老師的資訊知道他的父母後來同意穩定服藥，加上我們建議的一些處理策略及行為修正，讓他在班上的人緣變得不錯，也很少在學校「爆炸」。

　　聽說妹妹在二年級的時候也被提報「疑似」情緒障礙，只是狀況沒有哥哥那麼明顯。老師問我是否需要申請專業服務來幫助媽媽，我則告訴老師：「試著依循哥哥的方式引導孩子，持續觀察孩子的表現。若媽媽需要我，隨時都在。」等待了一學年，服務學生上仍然沒有妹妹的名字，我感到非常欣慰。

　　隔年的暑假前，突然看到阿正媽媽出現在輔導室外。她遞給我一盒名產，說：「謝謝老師過去的幫忙，爸爸因為工作的關係，我們要舉家搬遷到新竹。阿正現在八年級，狀況都很穩定，只有每週一次到資源班參加職業課。妹妹後來被我們治得好好的，學校打算取消她的特教身分。爸爸也加入了一些社群社團，分享老師陪伴我們一起走過的方法與策略。目前我已經『熬出頭』了。」

　　我竟然詞窮只是傻傻地笑著看著媽媽直點頭，說：「持續加油喔！」這是我想得到最簡單的祝福了。然後，阿正媽媽一直鞠躬言謝，逐漸消失在關起來的門縫，而眼前需要幫忙的孩子就緊張的坐在面前……

　　「專注、用心、繼續做好事！」我這麼告訴自己。

風格女俠

亞斯伯格

＃挫折忍受度差

＃缺乏同理心

＃緊張焦慮

＃抽象思考

茜茜的外型在明星學校內一點都不顯突兀，修長的身形加上長及腰部的頭髮，散發著獨特的氣質，眼睛炯炯有神的看著我。不知為何，她給我的感覺猶如「冰山美人」的冷酷，是說不出的淡漠。身旁的媽媽也讓人眼睛為之一亮，但給人的感覺跟女兒如出一轍的冷。當我們眼神交錯的瞬間，媽媽化開冷漠，給我一個熱情又尊重的招呼：「老師您好！」這種情感的極大差異性仿佛是身經百戰的業務才有的功力。

　　簡單的與茜茜互動十分鐘，就請她到隔壁桌去畫畫。她的口語表達和理解都算得體，唯有眼神閃爍游移，好像害怕被我看穿她的心思。茜茜五年級，上學期被提報為「自閉症」（亞斯伯格症），其實早在一年級入校的時候就有醫院的診斷，但學校老師發現她適應良好，就沒特別提出特教服務，直到上學期一些在班上的舉動，嚇壞了同學與老師，才考慮尋求特教及醫療的協助。

　　媽媽是在地知名飯店的負責人，雖然嘴角不時露出微笑，但對於這種家長我們說話都格外小心，所以第一次的交手，我只是盡量向媽媽了解孩子的過去成長與現在出現的一些問題，並不敢深入得討論。果然媽媽覺得孩子問題不大，許多狀況都輕描淡寫的掠過，甚至覺得學校反應過度。

　　為了未來能深入提供幫忙，我努力展現專業，憑空「預言」孩子可能出現的症狀，沒想到媽媽很肯定的頻頻點頭。信任度的建立是這種家長最需要的。

離開前，媽媽彷彿放下了心房，非常輕鬆的跟我道謝，茜茜也形式上的應付跟我道別。

　　會後，我跟特教老師說出我的用意，並且告知與家長需要建立一定的關係及信任感，才能有效的幫助他們。我跟老師說之後的服務可能要額外多安排一點時間給這個家長，「相信之後會聊不完。」這是我給老師的回饋。

　　其實私底下我已與老師達成共識，並且討論在班上、學校的處理技巧和幫助茜茜的方法——因為總不能等下次家長來再介入，那麼孩子的問題只會被延宕重複。

　　直到兩個月後又與茜茜媽媽見面了。我開頭就說：「早安，茜茜最近在學校進步很多喔！媽媽有感覺到嗎？」

　　媽媽肯定的點點頭：「老師都有跟我說，很謝謝老師們，可是……」

　　終於，我花了兩個月就是在等這個「可是」。媽媽像是變個人似的突然一說個不停，說茜茜四年級時因為數學考了九十七分，當場把考卷撕掉並大叫「我是白癡」，回家之後更是用頭撞牆，而茜茜過去也曾經為了自己的失敗或不完美，氣得做出傷害自己的行為——這是媽媽最在意的。

狀況 21：
孩子的挫折忍受度差，怎麼辦？

▶▶ 關鍵忠告：人生處處都是挫折，沒有人是百分之百不曾跌倒過，只是要如何讓孩子了解此道理。

祕訣 71：讓受挫成為天天的日常。

「害怕跌倒」最好的訓練方式就是不斷讓孩子跌倒，直到「沒感覺」。在前面的章節有提到行為模式的減敏感法，我們也可以依樣畫葫蘆，來讓孩子對受挫「減敏」。

例如：知道孩子在意輸贏，可以跟他玩對戰或者競爭的遊戲、桌遊，首先讓他先贏個三到五次，讓孩子先得到成就並且享受「贏的感覺」，並告訴他爸媽都一直輸，但沒發脾氣，再很認真嚴肅的告訴他：「我要認真了，不能再讓你贏下去，如果你真的輸了，不可以生氣喔！」最後他一定還是會生氣，但是多贏少輸，又有事先「打預防針」，會讓他反彈的力道不那麼大。

同樣的方式讓它天天出現在孩子的日常，舉凡吃飯速度、跑步快慢、做功課的完整度等，隨時教育孩子如果要比輸贏，生活中大大小小的事情都可以比較，輸贏都是很正常的，重點是應該要把更多的焦點跟專注力放在學習所獲得的知識、快樂、應用等，而不要一直去強調輸贏。

當一切都變得習以為常，孩子較不會受挫而崩潰。

祕訣 72：分析面對受挫，越挫越勇。

　　當孩子受挫跌倒了，在情緒行為處理過後，應當陪同孩子來面對分析跌倒的「成因」── 不夠熟練？不專心？能力不足？不在行的項目？── 找出背後原因的重點在於自我了解，讓孩子去學習面對現實，並且知道每個人都是獨立的個體，不是別人做得到，自己就有辦法跟上，也不是「只要努力，就可以實現任何願望」。試著陪伴孩子分析受挫的過程後，若是孩子能力可及或可以持續嘗試的，給予「下次再試試看」、「我相信你做得到」、「我覺得你沒問題」的鼓勵。倘若給孩子不適切的期望，會讓孩子重複面對後依然不斷跌倒，最後遭致的挫敗感會更嚴重。

祕訣 73：父母的反應決定孩子的心理感受。

　　「跌倒了就再站起來！」、「媽媽陪你一起走過來！」、「考不好，下次再加油！」這些正向的言語不但不會傷了孩子的自尊，也不會因為失敗的過程讓孩子自我否定，同時也教育他「人都會失敗，沒關係，下次再努力」的觀念。

　　把輸贏看成非常自然的道理，讓孩子不會無限放大挫敗感，知道即便失敗，父母還是愛他、支持他，同學也還是會一起玩，世界不會因此改變。

　　「你怎麼那麼差？」、「遜死了，考那個什麼成績！」、「連球都接不到，笨手笨腳的！」這些負向批評會讓失敗的孩子產生被落井下石的感覺，將會造成沒有自信或特別害怕面對

挑戰，變成與其面對挑戰而失敗，乾脆逃避或直接放棄，因為他們不想再因為受挫而遭致他人「鄙視」的眼光或言語。

長期的自我否定與逃避挑戰，讓孩子認為自己就是「loser」，一蹶不振。所以，我們還是要以鼓勵代替責罵，正向取代負向。

祕訣 74：利用現實感身教，最好的活例子。

利用電影、動漫、新聞中的題材來教育孩子，像是跟他說：「你看鋼鐵人也是摔了幾百次，炸了好幾次實驗室才成功。」、「炭治郎雖然被打敗還是不斷修煉，不斷努力。」、「爸爸以前也是考了好幾次才拿到證照。」等等，讓孩子不管在「戲裡戲外」都隨處見到失敗的經驗 —— 不過這些還是抽象跟過去的例子。

現實中當父母親在生活裡真的遭遇一些變故或挫折時，一樣可以當作很好的教育，像是「爸爸就是因為不專心所以車禍了」、「媽媽就是覺得太有自信所以割傷了」，讓孩子眼裡自己最親最愛的父母，一樣也有「脆弱」的一面，一樣會跌倒失敗受挫，「下次要更小心、更注意」。

類化到孩子成績不理想時，告訴他「之後要更專心答題」，如此一來孩子覺得失敗、跌倒、受挫不是只有他「一個人」在面對，也是另類的「經驗分享」以及「歷練分享」。

茜茜除了無法忍受挫折，再來就是媽媽覺得這個孩子很「自我」，說話做事都不為別人著想，只堅持自己的想法。

更不在乎說過的話、做過的事是否得罪別人，往往不在乎別人的感受，只專注在做「自己」。

狀況 22：
孩子的同理心很弱，影響到人際關係，怎麼辦？

▸▸ 關鍵忠告：同理心是與生俱來的。有些孩子在正常情況下四到五歲會開始發展同理心，而有些發展比較慢的孩子則可以透過引導與模仿來練習。

祕訣 75：認識自己與他人的情感表現。

同理心的發展建築在心智解讀成熟的階段。

三到四歲的年紀比較以自我為中心，凡事只考慮到自己、不懂得分享、不在乎別人的感受，這時候要孩子去在乎或關心他人的感覺似乎過於牽強。

將近五歲時，開始清楚了解自己的感受與需求，甚至可以觀察別人的行為、喜好、情緒、動作、猜測想法，這時候的「解讀」能力越漸成熟，同理心的能力正式發展。

孩子若是同理能力較弱，可以嘗試跟孩子玩「讀心術」的遊戲，像是可以問孩子：「我們一起來猜猜看，為什麼他今天看起來很難過？」讓孩子練習在猜測的過程中，站在別人的角度與立場。

　　如果孩子不會猜，我們也可以引導：「如果發生什麼事，你會覺得很生氣？」

　　孩子可能回答：「爸爸不讓我看電視！」、「哥哥搶我的玩具！」、「媽媽說要帶我出去玩卻沒做到。」、「我不乖，被老師罵。」這時就可以跟他分享：「那位看起來很難過的同學，可能跟你遇到一樣的問題喔！」這時候孩子就會把自己跟同學的生氣與難過做連結，同理心的概念因此漸漸產生。

　　下次碰到類似問題（例如孩子搶妹妹玩具），就可以跟他說：「你討厭哥哥搶你的玩具，你會很生氣。那你今天搶妹妹的，你覺得她有什麼感覺？」如此不斷重複操作，就完成了培養同理心的第一項練習。

祕訣 76：父母要先同理孩子。

　　當我們教導孩子面對錯誤或指正他人需要改進的部分時，若是家長無法先同理孩子的感受，只是批判或指責，孩子就不會學到要「站在別人的立場思考」，而把重點放在「做錯事」。

　　例如：孩子對手足說了難聽的話，如果當頭棒喝責怪孩子為什麼要罵人，他只會著重在「罵人是錯的」這件行為，但如果用同理方式對待：「如果爸爸對你說這樣的話，你聽

起來是什麼感覺？你這樣說弟弟，他會有什麼感覺？換個方式，你可以怎麼說？怎麼做？」在指導的過程中，告訴孩子，父母能同理他的感受，並問他是否也能嘗試著同理手足、朋友？

如果都是大家不喜歡的方式，那是不是可以想一個大家都可以接受的方式來處理情況？

透過父母與老師的引導，讓孩子在犯錯後能反省與檢討之外，也陪伴他一起培養問題處理的能力。既要顧及自己的角度，又不傷害到對方（要去猜測別人的感覺或想法），這就是同理心的練習。

有了父母親的愛，孩子可以撒嬌、依附、包容，甚至體認到父母的辛勞與付出，漸漸的就會把這種感受延伸到老師、同儕、伴侶，所以父母的角色非常重要。

在孩子同理心能力養成的路上，父母不但要當一個好的示範者，也要適時給予孩子提點與引導。如此一來，才能讓孩子適時的為別人著想、體貼懂事，以及顧及他人感受。

祕訣 77：透過角色互換讓他能夠換位思考。

有時候，孩子的「抽象能力」比較差，利用口語或想像的方式來玩「讀心術」遊戲，孩子可能無法體會；畢竟感受的概念很主觀（有人被碰一下就不舒服，有人被撞到也不自覺）。再來就是類似特質的孩子以自己為本位，比較不會有「己所不欲，勿施於人」的感受。

我建議可以利用「角色扮演」的方式，讓發生事件的孩

子互相換位思考，例如：孩子對同學說了難聽的話，讓同學感覺很不舒服，那就在練習時讓孩子成為「受害者」，請同學用一樣的言語、口氣、表情對他說話，讓孩子親自體會接收難聽話的感受。

又或者孩子常常三不五時「不小心」碰到同學，同學反映說不舒服，但他說不是故意卻又常常再犯，讓人家很受不了。我們一樣可以請同學扮演他，當他在看書或寫字的時候，一次又一次的「輕輕打擾他」，弄得他「火都上來了」。

老師或家長在演練過程時最好能全程錄影，結束後讓孩子看看自己在演練時的表現，慢慢學習建立體會他人的感受。

祕訣 78：不談感情，就事論事。

日常生活中就可發現，許多孩子真的在同理心的發展上有明顯的困難。即便我們透過「讀心術」、「角色扮演」或電影、新聞的回饋，孩子在短時間中依然無法習得同理心的能力。

這時候，也許我們該放慢速度，先回到「現實」來處理實際的「行為層面」，而不是抽象的「情感層面」，或許會更簡單一點。

以「祕訣 77」的例子來說，所謂的「難聽」或「不舒服」的確很主觀。換個方式，若是發生類似狀況，我們先不去探討誰的感受是對的，而是既然有人不喜歡，乾脆就不要這樣對別人，例如：直接跟孩子說：「不准再對同學說他們覺得難

茜茜很愛面子，以上的問題在學校都稍微「收斂」，在家裡相對顯得嚴重。或許是得到媽媽與老師的信任，孩子在遭遇挫折後有情緒的頻率與強度明顯下降不少。

　　至於同理心的改善，老師覺得還需要加油練習；反倒是媽媽反映在家裡好很多——因為執行力道比較強——她弄媽媽不舒服，媽媽就弄回去；她不理爸爸，爸爸就跟她冷戰。學校在執行面上則有現實的考量與顧忌。

　　茜茜的課業向來都不是父母擔心的部分，甚至是可以進入資優班的程度，只是行為狀況需要再做改善。我們與茜茜一家關係的建立有助於媽媽卸下心防，更深入討論其他需要加強的部分。

　　這次會談的重點為茜茜很容易緊張與焦慮。亞斯伯格的孩子對於日常生活有既定規律，一點都不喜歡「驚喜」。如果出現不一樣的行程或有些微變化的時候，常常讓她不安甚至緊張，遑論原本安排的行程若取消或改變，更會增加她的焦慮。

　　由於學校的行程與課程多半都是比較規律的，所以茜茜的焦慮狀況好過於家中。而家中因為父母親的工作都屬於比較「機動性」，假日的規劃與行程常常讓她「既期待又怕受傷害」，有時順順利利，有時卻說卡就卡，而茜茜就會大發脾氣。

　　也有一兩次因為學校要考試，讓尚未準備充足的她一整天情緒都很不好，還遷怒到同學身上。

狀況 23：
孩子容易焦慮，導致情緒和行為失常，怎麼辦？

▶▶ 關鍵忠告：焦慮來自即將到來的事，自身感受到壓力、緊張、期待，往往會持續一陣子直到事件到來，有些孩子會因為結果不如預期而有不同程度的情緒反應。

祕訣 79：同理孩子的感受，陪伴面對。

面對焦慮的孩子，許多父母給的支持與鼓勵是「不用擔心，不會發生啦」、「勇敢一點，不用那麼在意」，但孩子的焦慮感並不會消失。

應該告訴孩子其實會焦慮是好事，表示他特別在意且重視。

只是事件的發展、結果是否如孩子所預期的？孩子是否能面對事件帶來的挫敗感？還是非常順利的度過事件而擁有開心的經驗？父母可以與孩子一同來面對這種感受，像是可以這樣跟孩子說：「爸爸也好期待假期能有好天氣，但是天氣很難說。」或者「媽媽要考試時也是一樣的緊張，怕考不好。」

同理後可以教導孩子「轉移」的方式：聽音樂、做運動、打電動等，讓心情的緊張不要影響到身體的不適。

千萬不要不耐煩或對孩子責罵，那只會增加焦慮感。

不斷的同理、引導、轉移，讓孩子學習慢慢習慣這種

不安，甚至可以在事件結束後，根據好或不好的結果來一起分享與討論感受，讓孩子釐清：如果焦慮跟事件的結果沒有成正比，那麼未來是否還需要如此焦慮？

祕訣 80：認清沒有期待就沒有傷害。

許多孩子的焦慮來自預期性心理，例如：連假到來就可以跟家人還有朋友們一起去海邊，但氣象說有颱風，如果下雨怎麼辦？假期是否泡湯了？朋友是不是見不到了？或是，期末考若考得好就可以買遊戲或者得到獎勵，但是沒有準備充足，考不好怎麼辦？新的遊戲拿不到怎麼辦？。

成長的過程中，我們為孩子設立一些標準或目標，讓孩子的努力可以得到肯定，但這往往成為焦慮性孩子的壓力來源，甚至這種孩子的「預設立場」比一般人強，好勝心及求好心切的心情也比一般人更大。如果結果不如預期，相信失落的程度也比一般孩子更強烈，甚至有的會做出一些激烈的手段來「自我責備」。

對這種孩子比較適合「打迷糊戰」，像是孩子問：「媽，假日要去哪裡玩？」家長回答：「如果天氣好就考慮出去，天氣不好就沒辦法，再看看。」

或是孩子問：「爸，我考試考得好有什麼獎勵？」家長回答：「爸爸希望你努力不是為了獎勵。等到有進步我們再來討論，努力就對了！」

在與孩子的互動中減少孩子的「期待」，之後的相對傷害也就減少了。

茜茜媽是「付出收穫結果論」的父母，任何的努力都有它背後的收穫，才會養成茜茜對事事都感到焦慮，怕自己不夠完美，才會壓力如此大。

祕訣 81：為自己打預防針，做好心理建設。

陪伴孩子面對焦慮還有另一個方法，就是讓他說出焦慮的原因。嘗試列出即將到來的事件可能會面對到的所有結果，結果有好也有壞，有的如預期的成功達成，有的不如預期的失敗沒完成，讓孩子學習做「最壞的打算」，這樣至少沒達到期望時失落感相對不會這麼重。

比如：「考得好父母可能會給予相對應的鼓勵與獎賞，考不好可能要自我承受挫敗感與反省」、「天氣好可以如期出遊享受假期，天氣不好可能只能在家裡看電視、看書」、「上台表現好可能得名次替班上爭光，表現失常有可能沒有名次但老師不會責怪我，因為我努力了」，讓孩子練習把事件當作人生劇本來看待，讓他知道生活起起落落、輸輸贏贏、好好壞壞、對對錯錯都是必經過程。

有了強大的心理建設，在面對即將面臨的改變與壓力，便能稍微坦然面對，焦慮感也會隨之而降低。

祕訣 82：不要隨孩子起舞，讓他學習承受。

對於情緒反應比較大的孩子，往往因為劇情不是照著他的劇本走，而出現的結局也不如他預期，出現的情緒行為

會非常失控。身為父母與老師，除了同理、安慰、鼓勵之外，絕對不要因為孩子反應過大而擅自改變「結果」。

　　孩子在成長的過程中要嘗試去適應社會與世界的變化，畢竟世界不是照著孩子的的思維在運轉的。倘若面對恐懼或害怕時，選擇讓孩子遠離焦慮源，孩子就會將面對焦慮與恐懼時的逃避合理化。

　　反之，我們應該讓孩子知道：害怕、緊張、焦慮都是正常的，能夠一一面對、承受，甚至到最後能克服，都是成長的過程。

　　因每個孩子能夠承受的程度不一樣，不需要逼迫或強迫。鼓勵與陪伴孩子慢慢面對，他的身心會慢慢與日俱增的強壯。

一學年的陪伴過去，茜茜的情緒被學校老師、同學、父母磨練得越見圓滑。六上的期中是我最後一次跟她見面。由於茜茜的理解能力非常好，我囑咐老師讓她留在教室上課即可，不然她都偷偷聽我們講話。

　　這次只有媽媽單獨跟我們討論，她對於升國中的緊張與焦慮都顯現在臉上。特教老師清楚告知鑑定安置的流程以及上國中後的特教服務。之後，我們檢視茜茜的狀況，似乎沒有太大的問題。

　　接著，我與媽媽閒聊茜茜在家裡的角色，以及與家人的互動。

　　茜茜雖然已經一百五十六公分，可是內心還是小小孩，心智年齡較一般同學還小。儘管她的第二性徵已經明顯發育，在家裡還是會常常跟爸媽親親抱抱，甚至撒嬌時還會在父母的懷抱裡「蠕動」。我聽到這裡給了媽媽最後的建議，希望能讓她在最後的小學時間做好更完全的準備，面對即將到來的國中生活。

狀況 24：
孩子特別喜歡跟人肢體親密接觸，這樣好嗎？

　　▶▶關鍵忠告：每個人對於感官都有特定的喜好，喜歡親密接觸可以獲得安全感及增加情感交流。但隨著年紀增長，與家人、朋友的互動方式也應該更趨成熟。

祕訣 83：與人建立有禮貌且適合年齡的接觸。

　　我覺得只要是家人有共識且有良好的身體認知教育，即便在家裡穿著清涼，甚至全家一起泡湯，這都是非常健康且輕鬆、親密的相處模式。但是，還是要教導孩子與其他人保持距離，避免性騷擾、暴露狂等引起不必要的誤會。

　　爸媽與茜茜的互動方式偏向於「跟小小孩互動」的方式。但建議可以教導孩子隨著年紀增長，改變爲更成熟且適當的互動方式，像是「小小孩的肢體互動」方式改爲與孩子牽手、勾手、搭肩、摸頭等。孩子小時候喜歡的緊密親親抱抱，也可以轉換成晚安吻、告別或見面時的擁抱。

　　否則，孩子也會「不想長大」，想永遠做那個能夠在父母親懷抱中依偎、撒嬌、蠕動的「baby」。

　　不管是與孩子的互動方式或者溝通的語言，父母隨著孩子年紀的改變也需要有所「成長」，不然孩子在外呈現出小小孩的互動方式，或許會讓同儕感到很「幼稚」而遭排擠。

祕訣 84：肢體的接觸會因爲生理的發育而有不同的解讀。

　　家長除了在不同年紀要調整與孩子的互動方式之外，另外一個問題就是孩子的第二性徵開始出現，意味著性賀爾蒙開始大量分泌，因此也會漸漸的產生性慾。

　　類似茜茜這樣心智年齡較同年低的孩子，即便生理開始發育，但心理不見得成熟到有「色色的」歪念。然而，她喜歡透過與父母的撒嬌、親吻、擁抱來獲得被呵護感，在與父

母肢體接觸摩擦的過程，難免因為賀爾蒙的影響而產生「愉悅感」、「酥麻感」，但以她不成熟的判斷力有可能無法區分這種感覺與發育前的感覺差異，反而更愛上這種透過摩擦、接觸、撫摸的感覺，甚至有的孩子還會產生生理反應。

對孩子來說，這樣的行為互動模式只是表達喜歡、友好、親密的方式，但若是未來碰到有心人與他用同樣方式互動，或許會造成危險。

我會建議在孩子判斷能力還不成熟的時候，最好「完全禁止」與任何外人有任何形式上的肢體接觸（最好連親人都避免，若真的要有，只限媽媽、阿嬤）。等孩子心智成熟，也認識自己生理上的改變時，再讓他自行去判斷哪些觸碰是安全且可以被允許的。

我對茜茜的服務只有短短一年，但是抓準問題，利用孩子特質上的固著性，透過家裡、班級、資源班的一致性，許多困擾的問題似乎都獲得了改善。結束六上的服務後就不曾再見過孩子，我也僅僅透過老師的轉述了解孩子進步的狀況以及媽媽的努力。

　　有趣的是聽說爸爸看到女兒的改變，發現孩子的種種行為模式跟自己小時候頗為相似，父母還一同到大醫院會同身心科去鑑定，果不其然的父母都被醫生診斷為「大亞斯」，但父母都已社會化，也都因為其特質尚未影響到工作及生活，所以也沒有任何社會福利及身心障礙手冊需要介入。

　　茜茜畢業的那一年期末，學校收到家長的贈禮（好幾盒水果），上面寫道「謝謝所有曾經幫助過茜茜的老師、治療師、同學們」。老師轉述的過程露出愉悅的微笑，我點頭微笑也跟大家說辛苦了。

　　這不是我一個人的功勞，甚至不應該歸功於任何一位老師。在幫助孩子的路上，我們都只是伸出援手、充滿愛心的「過客」，重點是父母的本身抱持著什麼樣的態度來面對孩子的問題。功勞最大的是她的媽媽，願意尊重我們的專業，這才是改變的關鍵。

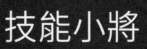

技能小將

學習障礙

愛說謊話

抗拒上學

學習成就低

宸彥是一個令人無法第一時間就看出問題的孩子。一般的眼神接觸與社交對談都很合宜，坐在位子上畫圖、寫字也不會明顯的頻頻換姿勢或動來動去，眉宇之間與吐露的氣息再平穩也不過。

　　不是過動、不是情障、不是自閉也不是智障，應該只剩下「學障」可以選了；我私底下在心中盤算著他的障礙別。孩子與我初次面訪結束，接下來是個「地方媽媽」感覺的中年婦人進到諮商室，老師這時候遞上了他的鑑定資料。我第一時間去看智力測驗，七十四分，果然不出我所料，是個智能臨界而在學習上非常辛苦的學障孩子。

　　媽媽一看到我好像一見如故，似乎心中有許多埋藏已久的壓抑等待釋放：「老師，他已經三年級了，可是很愛說謊，常常發生一件事情，跟老師說的是一套，回家又講不一樣的話。拆穿他說謊，他又會顧左右而言他，把過錯推到哥哥或同學身上。」

　　老師在旁也點頭附和，舉了好幾個在學校的例子。本來學校擔心宸彥的「心理有問題」，轉介到輔導室請心輔老師介入，但似乎改善有限。

　　從一年級下學期到現在（近一年的時間），這個問題已經存在已久。後來幾次的 IEP 會議（特殊生的個別教育計畫會議），與老師私底下確認，才發現原來大人們被這個孩子「操弄於股掌之間」── 這就是我們幫助宸彥進步所面臨的第一個挑戰。

狀況 25：

孩子常常見人說人話，有慣性說謊的狀況，怎麼辦？

▶▶ 關鍵忠告：人都會說謊，孩子亦是如此。重點是為何說謊？說謊的目的在哪？不好好糾正孩子的觀念以及削弱行為，久而久之，說謊會成為一種自我逃避及推卸責任的壞習慣。

秘訣 85：了解說謊內容的真實性與邏輯性。

在過去的經驗中，發現許多孩子的謊言含有非常不符合現實的內容。例如：孩子本身是單親且無手足，家人在照顧上非常匱乏且辛苦，假日時也很少陪伴，多是用 3C 保母來照顧孩子，結果孩子到處跟人家說自己的爸媽感情恨好，都會帶他到處旅行甚至出國，爸爸開的是「雙 B」，媽媽很漂亮很溫柔，哥哥姊姊都很疼他，處處都會讓著他⋯⋯同學以及老師都對他有個「甜蜜的家庭」信以為真。

後來同學發現孩子的說詞反反覆覆，提醒老師，再經由老師的了解與澄清，發現一切皆與事實不符，才明白其嚴重性。

透過心輔老師的介入，才知道孩子渴望擁有他形容的家庭；小小的心靈似乎非常的不健康。之後，經由老師的開導與關懷，讓他逐漸接受了「現實」。

這類的孩子或許心思格外細膩，因此在探究他說謊的原因要格外謹慎，適時給予關心，並且告訴孩子要勇於接受「現實」。

因此在探究孩子說謊的真實性上就要下點功夫，爾後的專業輔導也針對孩子的內心世界多加探索，避免孩子因為觀念偏差導致不好的想法與行為。

祕訣 86：探究說謊背後的原因才能給予疏導。

現實世界中，大人因應社會的殘酷，似乎常在說謊。善意的謊言也好，生存的謊言也好，說謊的背後都有一些複雜的原因。孩子跟我們一樣，說謊一定有他的理由與背後的原因，所以在了解實情之前，盡量不要第一時間給予責罵與批判，而是透過引導來讓孩子表達他的感受。

最常見的說謊原因莫過於「害怕被處罰」，孩子常常希望在父母與師長面前表現良好。有時會為了逃避面對自己的不完美而選擇不承認自己的錯，用說謊的方式來規避責任。

另外一種相反的原因就是「希望得到他人的讚賞」，雖然無法完成師長或同儕的標準，但為了讓別人可以喜歡自己、肯定自己，而把沒有發生的事情說得頭頭是道。

還有一種，怕長輩因為擔心、操心而囉哩囉唆，乾脆謊稱一切都平平順順，沒有發生任何事情。

最後一種常見的原因就是「幫別人說謊」，為了得到同儕認同、為了不失去友誼而選擇自己說謊，來保護自己在意的人。

這些原因其實在大人身上也常會發生，差別在於孩子無法清楚正確的判斷「使用時機」，往往發生的事情本來一點也不嚴重，但因為不願意去承擔「真相」帶來的心理負擔與壓力，選擇利用說謊來規避事件。而事件常常會如同滾雪球般越滾越大，導致無法收拾的局面。

因此，試著去了解孩子，為何常常說謊？說謊的原因大多是為何？並且給予孩子正確的觀念，才能夠減少孩子說謊的頻率。

祕訣 87：教導說謊帶來的後果與負面影響。

當我們了解孩子說謊背後的原因後，第一件事就是先同理孩子。

如同先前所說的，大人也會因為一些原因說謊，但大人可能更清楚知道謊言被撕破後帶來的「下場」，而孩子是否也知道當別人發現他說謊後，需要承受的眼光與批判？甚至是因為說謊造成的嚴重後果？

嘗試與孩子分析事情的利與弊。當一件事情發生，讓孩子模擬、想像與思考，如果誠實面對的結果與感受，以及說謊導致的後果與負面影響有多嚴重。

再來要跟孩子強調，許多困難都是生命中會遇到的挫折與挑戰，鼓勵孩子勇敢面對所犯的錯誤、自己的不完美。當自己沒有能力或無法達成的時候，能夠適時的想辦法面對以及尋求他人協助，而不是為了達到目的或害怕而做出說謊的行為。

祕訣 88：鼓勵誠實帶來的好處以及建立良好的道德觀。

　　既然要鼓勵孩子誠實的美德，除了透過分析、溝通，讓孩子知道誠實的重要性外，也可以透過鼓勵來讓孩子養成不說謊的好習慣。

　　良好的行為可以透過「行為矯治」來塑造，例如：當我們發現孩子有說謊的行為或習慣時，反而讓孩子知道誠實說出事情的詳情或者勇於認錯，父母師長不但不會責怪，還會幫忙解決、面對眼前的問題，甚至給予「嘉獎」。說謊不但會讓大人生氣，進而更會得到一些應有的「處罰」。

　　藉由正負面增強來強化父母及師長對於誠實的肯定，以及對於說謊的不可原諒。久而久之，孩子就會把「誠實＝美德」、「說謊＝不可原諒」相互連結，這時候說謊的壞習慣就會漸漸被修正。

宸彥過去雖然有說謊的習慣，但本質上他是個善良且非帶著惡意欺瞞的孩子，所以透過班級導師、特教老師、心輔老師與家長的共同努力，讓孩子在短短的兩個月內，明顯有大幅度的改善。

　　然而，滿臉愁容的媽媽與老師進來參與諮詢時，敘述著他每天因為抗拒上學跟媽媽大鬧；來到學校上課趴著不想參與；功課一拖再拖，能賴就賴皮；在班上因為不開心也鮮少與同學互動……

狀況 26：
孩子抗拒上學，怎麼辦？

　　▷▷ 關鍵忠告：對過去的我們來說，上課、做功課、學習是天經地義的事情，但在新的世代，我發現許多對學習課業不在行的孩子，容易對一般的學校生活感覺到「無趣」，甚至抗拒上學，這時候必須要用正確的方式與孩子溝通引導。

祕訣 89：讓孩子知道學習是他們的工作。

　　這是我最常用的一招。

　　我的孩子小時候會問：「爸爸的工作是老師，媽媽的工作是要照顧我，那我的工作呢？」我們夫妻告訴他：「小孩的工作就是乖乖吃飯、開心玩樂、準時睡覺。」到了幼兒園，

我則告訴孩子去學校就是你的工作，甚至再進入小學，孩子更懂事了，我會說：「上課、課後做功課、寫字、運算、背誦、學體育、交朋友，這就是你每天必須完成的工作。就像爸爸送你們上學、接你們放學、去學校輔導學生、與家長諮詢、假日帶你們出門玩、偶爾會有研習、培訓或講座，這就是我的工作。」

在這過程中，要慢慢讓孩子接受與習慣「人生的無奈」，像是「爸爸也不喜歡工作，但是我要賺錢你們才能出去玩、買玩具」、「沒有小孩喜歡上學、做功課（排除極少數是真心喜歡的）但是不上學、不做功課就沒辦法學習知識，未來就無法擁有專長，不能賺錢去買自己喜歡的東西和做喜歡的事」。

學習是生活的一部份，學習也是一種習慣。即使跟孩子說了再多觀念，父母也要以身作則，帶著孩子在生活中做各種知識、嘗試、體能、美術、創造的學習。不要讓孩子以為「學習」只是在學校學科上；就算學科的表現不如預期，也可以從其他的領域或專長脫穎而出。

祕訣 90：除了知識就是力量，還有其他的力量。

「好好讀書擁有好成績，就可以念好的學校，人生就是彩色的」，這似乎是台灣家長的普遍想法，但在這個多元的時代，這種想法應該更有彈性。

身為父母的我們可以分析讀書、上課對孩子的好處，知識除了能讓我們擁有好學校之外，還幫助我們在適應生活、自我成長、人際互動、待人處事等多方面有助益。

然而，不喜歡讀書的孩子也不要對他們感到負面或批判，而是可以帶他們去從事社區服務、垃圾回收、淨灘活動等勞務性工作，或做一些體育、美勞手作等練習，或其他技能養成。

能用自身的知識或體力生存，在這個社會都值得被讚許，只要可以好好教導我們的孩子有更多的選擇。

不過，孩子就算不喜歡讀書，想提早進入社會，一些基本的學習仍然必要。即便是職業訓練、技能的學習也必須擁有基礎的知識來適應不斷改變的多元社會，也就是至少要完成國民教育。

祕訣 91：讓孩子找到學校的「快樂泉源」。

讓孩子知道學校的學習是多元且豐富的。

就算不喜歡國語、數學，也有英文、社會、自然、生活，甚至有許多技能性科目，如體育、音樂、美勞、其他語言等，還有許多的社團與校隊可以參加。如果孩子無法對傳統科目產生興趣，可以引導且鼓勵孩子在其他的領域發展。

例如：有一位我接觸過的孩子，在學科的部分無法得到優秀成績，但在學校讀體育班，體能上的表現堪稱數一數二，校際田徑的比賽每每都能為校增光，上學對他來說就一點都不困難，他只要把基本的課業應付好，其他時間全心專注在他擅長的體育項目上就行了。

也有些孩子在音樂、美術上有極高的興趣和天份，雖然學科的表現不如其他孩子，一樣可以進入專門的藝術班級

學習。

但是，如果沒有專長的孩子呢？可以試著將焦點放在他與同學的互動、交流。

儘管是一點點也好，身爲父母的我們都要找到「一丁點」讓孩子願意上學的動機，如同大人的工作不可能總是「錢多、事少、離家近」，總是要找到一些支持我們能夠持續下去的動力。說服孩子去上學也是同樣的概念，但孩子心智尚未成熟，父母就得擔負引導孩子正確觀念的責任。

祕訣 92：義務教育就是「義務」，不喜歡也必須接受。

上學（國民教育）除了是孩子的工作、職業之外，也是國家規定的，若是缺課達一定的日子，學校就會安排社工跟進父母及提供輔導。

雖然這是硬梆梆的規定，但是從小給予孩子正確的觀念，也是身爲監護者的父母應盡的責任。

現階段的學校老師對在校學生沒有實質的「強制力」，當孩子抗拒上學時，也只能「人性化」的好好輔導。若是在家庭端從小就讓孩子擁有「必須上學」的觀念，之後在求學的路上碰到挫折、跌倒，比較不會隨便萌發「拒學」的行爲，這也算「預防勝於治療」── 父母本身要認同，且事先教育我們的孩子。

期末再次見到宸彥時，我以為他會非常開心自己的進步，但他卻滿臉愁容的坐在輔導室等我。

　　「最近是不是變成一個誠實又聽話的好孩子呢？」他低著頭不發一語，卻連續的重重的點點了頭，看來他是很肯定自己的進步！「那怎麼一點也不開心啊？」

　　他無奈地緩緩道出他的真實感受：「老師講的內容我都聽不懂，去資源班也有人覺得我很奇怪，為什麼考試都在資源班考。我現在每天上課就是等下課，每天上學就是等放假，早上一點都不想起床！」

　　雖然我知道他智能是正常的，只是在學習理解與「認字、識字」上有明顯的困難，但從一位九歲的孩子口中講出這麼「寫實」的情況，也讓我相當錯愕。

　　「所以，你希望煜涵老師幫你跟媽媽和老師說，讓你不要上學或做功課嗎？」他這時眼睛發亮的對著我點點頭，好像瞬間得到神助。

　　我笑著對他說：「這個問題很嚴肅，也很不簡單。老師沒辦法答應你絕對可以依照你的期望做到，但老師答應你會好好替你想辦法，協助你不要這麼痛苦，好嗎？」

　　宸彥懇求的眼神直望著我，不停點頭……

狀況 27：

孩子在學科上無法得到成就，甚至想放棄，怎麼辦？

▸▸ 關鍵忠告：孩子的能力本來就有快有慢，也有先天的差異性。有人天生頭腦好、反應快，但不代表這個孩子的所有面向都是好的。天生弱勢或能力較差的孩子，也不可能沒有一點長處，這就是父母老師要去觀察的部分。

祕訣 93：簡化學習，增加資源，減少對學習的抗拒。

宸彥本身是學習障礙的孩子，如果要用一般孩子學習的標準來看待他的學習狀況，將會非常辛苦。

孩子在學習上的明顯落後與困難，除了找出背後的原因之外，也要接受孩子的「真實狀況」。有些人天生就過目不忘，有些人學一樣事物要比他人花更多倍的時間，這就是每個人先天的差異。

如果無法接受孩子的不足而硬要孩子做到跟別人一般，除了不斷的挫折之外，也讓孩子在學習時產生更多的抗拒與自我否定。

父母儘管有「望子成龍，望女成鳳」的心情，但還是要接受孩子的不足。當父母能接受後，試著告訴孩子，課業的學習並非一切，而且若有跟不上進度或學習上的困難一定要反映，讓孩子在尋求協助的過程也能「認識自己」。

面對學習困難的孩子，父母及老師特別重要 —— 是否針對孩子的學習能力做一個完整的評估？學校是否有適當的輔導機制（課後輔導、補救教學）來幫助孩子？孩子的能力是否符合「特殊生」資格？額外的加強是否對孩子有幫助？孩子的學習是否需要「個別化」？作業的量是否造成孩子的完成壓力？

　　一旦忽略這些細節，硬要孩子跟上同學的進度與能力，只會造成學習根基不穩。孩子應付作業，久而久之造成學習上的破洞與惡性循環，最終讓孩子厭惡學習而對課業「自我放棄」。

　　所以，我們跟宸彥媽媽達成共識，減少原班級的功課量，學習以資源班的程度為主，每天也不需要花太多時間寫功課。而在班級導師的部分，盡量讓孩子參與互動式的問答，讓孩子用「表達」來彌補識字困難的不足，增加課程參與的成就感。

祕訣 94：輔以科技輔具與替代性學習。

　　除了調整課程的難度以及幫助尋找資源外，宸彥還是遇到很多困難。特教老師讓他做學習障礙的鑑定，發現他的識字能力非常有限，甚至近乎「文盲」的程度。一般三年級可以識字二、三千字，他測出來只有一百多個字，除了常見常用的字外，很多字都會認錯或讀錯，課本、白板的字幾乎都看不太懂。後來透過特教需求的幫忙，申請電子書來輔導孩子在家的學習。

　　孩子的功課若是抄寫類的基本上沒什麼問題，但若是

需要閱讀理解的，就碰上極大的困難。後來媽媽辭掉工作來幫忙加強孩子的學習；我建議媽媽利用問答或協助讀題的方式，來讓孩子運算或作答。

初期媽媽會將孩子的回答「代寫」在作業本上，但因為孩子不認得，寫下來的意義並不大，我建議大量使用「錄音筆」來呈現造句及短文（那個年代智慧手機並不普及，如果是現在可用平板或手機輔助）。在學校需要抄寫的聯絡簿、注意事項等，都利用錄音筆錄下來，替代聯絡簿的功能。

宸彥過去不喜歡看書（字都不認得），要看也都停留在幼兒園的階段，閱讀有大量圖片的書籍。我鼓勵媽媽買「點讀翻譯筆」，協助孩子閱讀，沒想到孩子從此開啟更多「聽書」的興趣。

由於過去他的學習習慣都是用「視覺」，對聽覺的敏銳度相對弱，我同時請老師建議媽媽在課餘時間，多買一些學習光碟以及挑選一些廣播節目，讓孩子透過「聽」來學習。

以現在來說更是方便，可以透過社群的教學影片、podcast、手機平板的學習 APP 讓孩子能擁有更多元的學習管道。

孩子認識了自己的學習方式，上課中也會更專注的「聽課」。少了寫字跟大量的認讀，學習似乎更有方向，對於上學的壓力相對減少了不少。

祕訣 95：強化優勢能力，放下弱勢的學習。

就這樣過了兩年，孩子升上了五年級，媽媽也都很配

合我們共同討論出來的一些學習策略，學校老師也非常願意調整教學方式，讓孩子越來越適應新的學習方式。

然而，畢竟到了高年級，許多學習多了更多的邏輯與理解，難度也相對提高不少，資源班老師與媽媽一直以來堅持讓孩子認讀字的心意還是十分堅定，每天仍然一些時間來要求孩子寫字、認讀。

但是，我這兩年的觀察，孩子的進步非常沒效率，仍舊對於寫字及認讀有莫名的厭惡。每每孩子看到我，似乎又出現當初懇求的眼神，彷彿告訴我應該像當初般伸出援手來給他一些「救贖」。

後來，我終於在五上的期末會議，直接問老師與家長，孩子的認讀寫字成效。老師與媽媽只是彼此對視了一下，露出無奈的表情。

我問他們何不把這麼沒效率的學習，轉化成其他領域的學習？畢竟「先天的缺失」硬來也不會有效果，是否應該選擇放下了？

老師與媽媽似乎又打開了話匣子，分別闡述他們在生活中看見到的宸彥的優勢。大家都發現他的「味覺」很敏感，可以察覺營養午餐的細微差異（換合作廠商、不同廚師的料理、同樣菜色加入不同的調味），媽媽也表示孩子常常在父母料理餐點時不斷在旁邊觀看，似乎很想參與。

我們卽時請孩子一同參與會議，確認孩子不討厭學習，但認讀造成他很大的壓力，而他也確實對於烹飪充滿極大的好奇與興趣。

我請媽媽這學期的功課，除了用替代式的方式學習外，每天的晚餐或假日的餐點都讓孩子部分參與，洗菜、切菜、

煎蛋、剝皮，由基礎的烹飪開始學習。

　　沒想到宸彥的學習能力就如同一般的「本科生」進展，只經過一個寒假，到了下學期開學，他就能做出簡單的四菜一湯。每次的做飯經驗，他都能聊上好一陣子，像是剛學會了滷肉與煮咖哩，又想要學麻婆豆腐、客家小炒、薑絲大腸……比起學科的學習似乎有了更多的動力，而且也樂於分享烹飪為他帶來多大的成就與開心。

祕訣 96：從學科以外的領域習得成就感。

　　一直到服務時間快要結束，我拋出了宸彥結案前的最後一個建議：「既然大家都對孩子的學習有所共識，是不是更減少他在學科上的壓力？」

　　我告訴孩子學歷是最基本的，現在有「十二年國教」，至少要高中職畢業比較好。孩子似懂非懂的點點頭，露出無奈的表情。

　　宸彥現在就讀的小學沒辦法讓孩子展現他的優勢（廚藝），所以我請老師除了學校的一般課程學習外，在課餘時間都讓他擔任班級幹部或是老師的小幫手。如此一來，宸彥雖然在學科上無法獲得成就，也能在待人處事上學習更多以及獲取成就感。

　　從風紀股長、英文課小老師、週記分享長，到學校的交通隊、老師的小秘書（負責跟各處室接洽的幫手），讓孩子每天上學不會把重心與焦點放在他的「認讀障礙」，而是如何在同學與老師間相處的和睦上。

五下的服務就是與媽媽和孩子的最後一次緣分，直到小學畢業，我都不曾見過宸彥、媽媽與老師，但我知道能夠理解他的父母與老師，會讓他擁有最後美好的小學體驗。

　　由於學生本身的狀況特殊，而努力的過程也非常戲劇化，因此在心中都留下深刻的印象，直到現在對於宸彥稚嫩的臉龐還依稀可見！

　　每每有一個如此成功的學生，都是要有老師與家長全力的支持與配合。

　　後來，在該學校的幼兒園，看到一位熟悉又陌生的臉孔，原來是他的媽媽在學校當志工。媽媽過來跟我打招呼：「您是林老師吧！」

　　我錯愕的點點頭（我很會記名字但不會記面貌）。

　　她說：「宸彥現在九年級，就讀ＸＸ國中，我們考慮你輔導的過程，最後決定讓他自學。」

　　我很驚訝的回答：「我沒有建議讓他自學啊？」

　　媽媽笑著說：「不是怪老師啦！而是你的陪伴過程讓我和爸爸改變對於孩子的觀念。他現在在家學習，其餘時間在熱炒店當學徒，他很開心。」

　　我小心翼翼問道：「他自己願意的？」媽媽滿足的點頭。我當下的心中有些震撼，但其實感到欣慰，。

　　媽媽繼續說：「感謝老師兩年的幫忙，他改變了好多好多。」

一直到現在，那句「改變了好多好多」常常縈繞在我的腦中。

　　我從不覺得自己多偉大或幫了多少人，而是每當工作疲累或對目前教育體制與政策感到無力時，往往就是一兩個這樣的案例，支持我不放棄這份工作。

　　也想跟憂心的父母說：「這些案例可能就是您的孩子、您的最愛，您也不可以放棄喔！」

羞怯王子

高敏感兒

適應能力差

不願嘗試

選擇障礙

孩子有雙明亮的眼睛，白白的皮膚像極了父母親，還遺傳到阿媽「可以放牙籤」的睫毛……最後一個案例就是我的老大「翔翔」！

　　或許因為自己的工作，我在孩子的成長過程中習慣「緊盯」他的各種發展。他零到一歲時，多是由保母照顧，在發展上沒有特別明顯的「異處」。翔翔一歲半左右，太太決定辭去工作，當一個全職媽媽，專心陪伴與照顧孩子。

　　也許因為是家中的第一個孫子，阿公、阿媽、姑姑、阿伯都特別寵愛，媽媽也在衛生問題、生理狀況、生活刺激等各方面非常照顧他。翔翔發展上都算正常，只是學走路、講話都比同年齡慢一到兩個月，不過也還不到「遲緩」。

　　翔翔小時候好動，但也算規矩。不過，一直以來讓我們最困擾的，其實是他的過度害羞（這個部分有點像爸爸小時候，只是「昇華版」），不管熟不熟的人，都不願意跟人眼神接觸或者打招呼。

　　年紀小時我們覺得可以等等（許多專家說逼孩子打招呼會造成心理「陰影」），一直到他四歲，連最親的阿公、阿媽因為久不見（可能也才一個月）就不願意打招呼，甚至過年家族聚餐時，因為人多還不肯進餐廳，加上失控尖叫哭鬧，我跟太太才發覺不對勁。

　　儘管孩子不是特殊兒，但這異常的舉動與行為必定會為他未來造成困擾。我與太太溝通後，決定要好好來「修正」一下孩子。

狀況 28：

孩子與人打招呼、說話，都缺乏自信，怎麼辦？

▶▶<u>關鍵忠告</u>：孩子的個性有先天上的差異，有人天生活潑外向，有人天生害羞內向，可以隨著年紀增長慢慢引導。但若是孩子不願意踏出「舒適圈」，未來或許就少了與人交流跟喪失更多的學習機會。

<u>祕訣 97：利用替代性的方式打招呼。</u>

如何發現孩子的問題很嚴重呢？記得翔翔三歲的時候，我們要求他跟對面商店的奶奶打招呼，他躲在媽媽身旁表示不敢。到四歲時，他也不要跟這位奶奶打招呼。我們問他：「是不是不喜歡奶奶？」他搖搖頭。

又追問：「那為何不做？」

「不知道。」則是他的回答。

到了五歲時再問他，他說：「不想。」

我們夫妻試著尊重孩子的意見與想法，但孩子不跟別人回應或交流，我們擔心未來會有人際關係或社交禮儀的問題。而且如果是遇到陌生人就算了，但這位開雜貨店的奶奶也不算陌生，每天進出家門都會看到她。後來，翔翔甚至見到熟悉的祖父母、伯伯、姑姑也不打招呼，我們決定不再為他的害羞找藉口，而是用「鼓勵與威脅」推他一把。

「如果你不想說，至少你要揮揮手，否則就不能喝奶奶

給你的飲料。」翔翔終於不情願、敷衍式的揮手，我則繼續給予正回饋：「你看，奶奶笑得多開心！」

到阿公家之前已經事先提醒不可以忘記打招呼，不然就不進去。一到阿公家，果不其然，他「裝死」的脫了鞋就跑進去，我跟太太立馬叫他出來：「剛剛說過什麼？有做嗎？」

他驚恐的搖搖頭，我跟太太二話不說把他拖進電梯，從七樓坐到一樓作勢離開。他哭著說不敢了，要跟他們打招呼。

我跟他說：「我再給你一次機會，你可以直接說大家好，不用一一唱名，這樣簡單多了吧！」

再次上樓，翔翔終於眼神不看的揮著雙手：「大家好！」也算過關了。

後來，就這樣持續重複了三到五次，孩子就習慣而不抗拒了。

講這些不是要強調自己跟太太是虎爸、虎媽，而是尊重孩子的意願時，也要試著讓孩子成長與改變。

尊重孩子的同時，禮貌與規矩還是要教他的。

對的事就應該學。年紀小，可以慢慢來；孩子不敢，我們就教他方法。

現在翔翔十歲了，依然不喜歡跟人眼神接觸，「打招呼」對他來說雖然是「機械式」甚至有些「反射性」的互動，但至少不會認人以為他是無禮的孩子了。

然而，翔翔的個性是所謂的人前人後不一樣。若說他害羞，可是熟識後又超級活潑，只好姑且說他是慢熟、沒自信了。

翔翔與弟弟相差四歲，哥哥的身分對他來說一定有些壓力（手足之間難免互相比較），而弟弟比起他卻是更大方、活潑、好動。

中班的時候，發現他在學校很抗拒在人面前表現。他感覺全世界都在關注他，讓他覺得很丟臉（偶像包袱特別重？）。甚至在一次幼兒園舉辦的母親節活動，看到我跟媽媽突然出現，立刻就「當機」，停下了全班一起的母親節舞蹈表演。

老師也表示只要當眾叫他起身回答問題，他一律站著發呆。

那時候翔翔五歲，他說老師問的問題他都會，跳舞的舞步也都記得，但就是討厭在別人面前講話、唱歌、跳舞 —— 其實我小時候也是如此！回想過去，倘若自己不那麼害羞，再更勇敢一些，或許不會喪失那麼多自我肯定的機會，所以我跟媽媽決定要好好訓練他（順帶連弟弟一起）。

祕訣 98：利用手足的陪伴來增加孩子的自信。

過去我曾是「假日爸爸」，後來離開醫療體系才成為一個正常上下班的父親。除了陪伴孩子的時間變多，也跟媽媽共同分擔孩子的教養。

孩子在小學前，我們規定每天晚上八點睡覺。上床前我們會有「親子聊天時間」，除了能跟孩子談天說地外，也進行諸多的練習。

弟弟漸漸長大，活潑的個性也激勵著翔翔。我們利用這

段上床前的親子時間讓兄弟倆做各種表情表演、唱歌跳舞、角色扮演，讓孩子能先勇敢的在我們面前表演。

「和弟弟一起」讓翔翔不再感到我們好像只「看」他。

然後再把他們表演、玩樂、嬉鬧的樣子錄影下來，結束後讓他們看看自己的表現。

或許我們是家人，或許有弟弟的陪伴，或許長時間的練習，翔翔對自己的肢體語言有了更多信心（他屬於動作協調比較弱的孩子）。

漸漸的，「被看」似乎已經沒那麼可怕。

與弟弟一起唱唱跳跳似乎成為日常的一部分，爸爸媽媽也會跟他們一同「耍笨」。

學校老師也發現孩子極大的進步；翔翔自己也增加了不少自信。

祕訣 99：練習在眾人前講話與表現。

翔翔在五歲那年，遇到了許多對他來說極大的考驗。

當時我們要搬家，曾擔心他的適應能力不好，因為他對於新的人、新的環境的適應，需要相對久的時間。但或許我們做了上述的練習，就算離開從幼幼班起待了兩年多的幼兒園到一個全新的環境，他也適應得良好，很快就融入新的老師、同學當中。

記得那年的大班畢業典禮，他們中班也有參加表演。表演後，老師會一一唱名，讓畢業班的小朋友單獨輪流上台

說畢業感謝言——那是在聚光燈打在身上完全看不到觀眾的正式表演舞台。結束回家後，我告訴翔翔明年換他上台，他驚恐得猛對我搖頭：「絕對辦不到！」

我跟媽媽笑著問他：如果我們讓你做得到，你願意配合爸爸媽媽嗎？」

他點點頭。

隔天開始我們就在睡前的「聊天時間」做一年後的致詞練習：「大家好，我是ＸＸ班的林翔翔，感謝ＱＱ老師對我的照顧，感謝ＷＷ老師教我寫字，感謝爸媽……」我們陪他擬好台詞，讓他從上台敬禮，背完台詞到下台敬禮，完整演練一次。

當然我們是用玩耍的方式，快兩歲的弟弟也一起參與（弟弟語言發展非常快，都能模仿哥哥的動作與台詞，當然簡單多了），就這樣不斷反覆練習。

那年的農曆年前，我們也開始練習「要紅包台詞」：「大家好我是林翔翔，今年六歲，最喜歡的人是弟弟，最喜歡看電視，恭喜恭喜新年快樂，愛你喔！」並跟翔翔說過年只要碰到長輩給紅包，就必須說出「要紅包台詞」。

過完年後，我們持續練習（內容會適度更改）。到了畢業典禮那天，翔翔上台已經穩健而不膽怯了。

後來也有鋼琴發表會，雖然他才剛開始學，只會單手彈），但我們拜託老師讓他參與——表演其次，練膽量是最重要的。

就這樣，他開始不抗拒在眾人面前講話，又因為自信增加，跟人的眼神交流也多了不少。

翔翔上小學後雖然還是比較被動，但被老師叫到也能起身回答問題，甚至還能勇敢的自願擔任班級幹部了。

翔翔跟大部分孩子一樣會挑食，但是他挑食的點比較特別。多數的孩子可能會因為味道、材質而有所挑剔，他挑食的原因則是「沒吃過」。即使大家都覺得特別好吃的蛋糕、飲料、餅乾等美食，他只要沒吃過，一律堅持不碰。

這個莫名的堅持除了挑食外，還延伸到學習。例如：到公園，沒玩過的器具絕對不去碰；玩玩具只玩舊的；沒去過的地方、沒坐過的交通工具都會引起他的負面情緒。

記得我爸說我小時候大部分配合度都滿好的，但有時候也有無謂的堅持，不願意嘗試，例如：全家都穿著原住民的衣服拍照，只有我穿著便服還掛著兩行淚入鏡；爸媽那時候也不知道為什麼。

現在，輪到我來體會當初爸媽的無奈了。

狀況 29：
孩子不願意嘗試新活動、遊戲、食物，怎麼辦？

▶▶<u>關鍵忠告</u>：高敏感的孩子往往心思較一般孩子細膩，心中常常有許多的「小劇場」，除了去引導孩子表達出心中的憂慮與不安之外，也需要大量的鼓勵與陪伴，讓孩子在有安全感的情況下勇於挑戰與嘗試，再給予大量的肯定。

祕訣 100：利用威脅利誘引起孩子的興趣。

挑食的部分可以參考前面「祕訣 2」。

翔翔小時候非常喜歡玩水，但僅限於在家裡的浴缸及泳池邊的階梯上，無論怎麼樣鼓勵孩子走進水面高度只有到他膝蓋的娃娃池，就是不願意。虎爸作風的我只好抱著他進娃娃池，讓他半身浸入池中。

第一次入池時他當然尖叫、哭鬧，我無視他的崩潰情緒，只是不斷跟他說：「等等上岸，媽媽給你吃糖糖！」就這樣玩了五分鐘，在上岸讓媽媽安撫。當他情緒穩定，開心吃糖時，我告訴他：「等一下爸爸一樣陪你去玩水。」

他就開始哭泣說：「不要、不要！」

我還是像之前一樣，跟他反覆玩了好幾次。

「哇！翔翔好勇敢，從水裡飛高高！」終於在回家前，翔翔已經在我懷裡開心的一起「飛高高」。

玩樂的開心感覺大於恐懼，克服了翔翔的心理障礙。

之後許多的嘗試也都是爸爸「半強迫」陪他去體驗，像是走吊橋、走鋼索（兒童等級的）、滑水道、攀岩、爬山、憋氣……或許他的個性就是特別膽小謹慎，但我很清楚自己孩子的能力。他的童年若少了這些經驗，我會覺得很可惜。

或許是「被迫」習慣了，孩子大了點，甚至會說：「那個會辣嗎？那個很恐怖嗎？我可以試試看嗎？」

現在翔翔十歲，可以跟我們大人一起享受各種美食（麻辣鴨血、泰式料理、酸辣湯、麻婆豆腐、生菜沙拉、滇緬料

理⋯⋯），而去遊樂園也可以玩得很盡興（碰碰車、雲霄飛車、海盜船、旋轉鞦韆、小怒神、轟浪⋯⋯）。

如果我之前選擇繼續遵照孩子的意願什麼都不嘗試，相信他現在的生活體驗一定不會如此多采多姿。所以，「陣痛」是需要的。

祕訣 101：先讓孩子得到成功經驗。

翔翔的個性比較膽小也沒安全感，優點是好勝心強且求好心切，缺點是沒有玩過、碰過的活動或遊戲，一概不願意輕易嘗試，即便是看似簡單又能夠輕易上手的事情也都不願意「冒險」。

了解孩子的個性後，許多的學習或遊戲要讓他接觸時，都要放慢速度，不可貿然行事。一旦他有了失敗或不好的經驗，下次要讓他參與就要花更大的功夫。

記得翔翔四歲的時候，因為不會一般的丟接球，便抗拒學校活動，不願意參與。為了讓他感受到丟接球的有趣以及願意學習，初期我帶他去最喜歡的公園，在玩之前請他將雙手伸直手心向上，我從他的手心上把球丟下讓他接住，然後給他極大的鼓勵。他很開心也很興奮自己接得到球。我跟他說接二十次就可以去盪鞦韆，他也就這樣完成了第一次的練習。

之後每次去公園，我就讓他接二十球，等到他熟練了，我再慢慢增加難度（把球離手更高、稍微有點拋物線、把球丟到他懷裡、讓他用手掌接球）。慢慢的，他對於丟接球

不再那麼抗拒，也覺得自己有能力可以做得更好。練習了半年，他已經可以跟我用類似棒球手套的板子，單手接球了。

我把類似的經驗延伸到其他的學習，例如：教他象棋時，為了怕他輸了就發脾氣不玩，初期的時候都刻意讓他贏，讓他有成功的經驗與自信。等到他比較熟練，也確認他的能力可以自行判斷棋局，我才「事先」預告：「爸爸要認真了喔！如果翔翔輸了不可以發脾氣！」當然，前一兩次他都因為輸了有點不高興，但我跟他說明比賽本來就有輸贏，然後再故意連續輸他幾盤，如此一來，他「贏多」的成就感大於「輸少」，漸漸的，他對於輸贏的結果似乎也沒那麼在意了。

上了小學後，他主動跟我說他在學校下棋，常常贏同學，但老是輸給一位「高手」，但他會自己說服自己「輸又沒有什麼關係，他比我常下棋。」然後又要求我，說：「爸爸，你陪我練習！」

翔翔似乎已經能夠更了解自己的優勢、劣勢，也因為有了這些「成長訓練」，他開始比較願意嘗試新的活動、遊戲，也不會因為有不好的經驗而自我放棄。

祕訣 102：父母應該以身作則，自己先改變。

不管是食物的選擇、喜好的參與、新事物的學習，當孩子本身因為個性難跨出去第一步時，父母的角色往往非常重要。如果連父母都不願意嘗鮮，也不願意改變喜好或習慣，那又如何教導孩子打開心胸接受千變萬化的世界呢？就像帶孩子去遊樂園自己都害怕不敢上去玩，那又如何說服孩子要多勇敢、多嘗試？

我本身就不是很會挑食的人，但要說服孩子嘗試去吃蔥、薑、蒜、香菜等，即便自己不是非常喜歡，也要忍耐著不在孩子面前表現出來。

在翔翔的成長過程中，我跟媽媽也試著讓自己更有變化和彈性。

其實，帶孩子的過程中，最重要的就是陪伴。倘若孩子先天個性大膽、求新求變、自我探索能力強，在安全的範圍內，父母當然只要在旁邊鼓勵，或當一個「記錄者」。孩子像我們家翔翔一樣不肯變化、不願嘗試、過於小心、害怕失敗，那父母與他們一同參與就相對重要了。

有些人覺得孩子長大就會改變，但我認爲許多的行爲都是所謂的「個性使然」。若能夠讓孩子提早擁有各種能力，未來在學校、社會中應該更容易「生存」—— 這是我給大家的一點建議。

我本身的個性就不果斷，翔翔可能遺傳到我的優柔寡斷，而且更「青出於藍」。

　　翔翔由於好勝心以及「愛面子」，往往心中很有想法卻不敢表達。

　　我和媽媽發現後覺得如果這樣下去，孩子未來會有很多委屈（都順著別人的決定），也會有很多負面情緒（別人的決定不是自己要的）。例如：小到買個飲料、麵包，大到生日禮物、去哪慶祝，翔翔常會面有難色的回說「不知道」、「都可以」，但當我們幫他做了決定，卻不如他期望的時候，便會發脾氣或哭泣。

狀況 30：
孩子有選擇障礙，怎麼辦？

　　▸▸關鍵忠告：選擇障礙並非一種疾病，而是一種焦慮造成的心理現象，多半跟個性的遺傳以及家庭的教養有關。

　　多數這樣的孩子，在成長過程中有一些不好的經驗，導致不敢做決定。

　　這樣的孩子覺得當一個「沒意見」的人，就不會產生所謂的對錯、是非、好壞的判斷，也不用承受結果帶來的心理壓力。

祕訣 103：利用生活需求以及喜好，讓孩子選擇。

發現翔翔有選擇障礙後，我們從小就要求他表達內心的想法，要求他自己必須去承擔錯誤的決定，而不是讓我們幫他選擇後，反而不高興、指責我們。

例如：帶他去選飲料，他糾結要買多多還是果汁，我跟媽媽會跟他說：「自己選，不然就沒有了。」當他喝了後悔，又再告訴他：「下次就知道要選哪個了吧！」

如果因為他自身的糾結而遲遲不下決定，我們就選擇離開不買了。這是利用他本身的需求，迫使他必須選擇並決定。

有一次，經過手工麻糬店，弟弟吵著要吃，媽媽問大家還有誰要吃，只有翔翔沒說話，媽媽再次強調：「沒買你的喔！」翔翔點點頭。

回家後大家開心吃麻糬，結果他在一旁哭吵著也要吃，我問他：「你剛剛自己決定不要的，不是嗎？」

他說剛才不想吃，但現在想。我就告訴他以後請考慮清楚再決定，因為外面的人不會因為哭鬧就給你東西。當天我還是分了一口麻糬給他，但這樣的機會教育，相信會讓他未來更小心也更謹慎的去做選擇。

祕訣 104：跟孩子分享面對選擇後的自身經驗，適當的引導與解釋。

選擇障礙的孩子最害怕就是「選錯」及「責任」。

在訓練孩子的過程中，我們「殘酷的」讓孩子去做決定，而當孩子承受「不好結果」時，要不厭其煩的鼓勵他願意繼續選擇，也要陪伴他度過心理的失落感，跟他說：「這是正常的，爸爸過去也是因為選錯了……結果……」讓孩子知道事情都有正反兩面，選擇對了固然開心，選擇錯了依然要坦然以對，反省檢討、謹記在心，而不要有過多的失落感或挫敗感。

讓孩子學習挫折忍受度的建立，而非害怕做錯決定之後的陰影。

從吃的東西、喝的飲料、生日的玩具、去哪裡玩……我們時時刻刻都在提醒孩子「人生就是無限的抉擇」。

我們最常讓孩子思考的就是：「當你只有這樣多的錢，你要考慮吃零食、買玩具，還是要去住飯店渡假？」讓孩子養成「自己決定，自己承擔」的習慣。

翔翔十歲了，知道什麼是重要的，也能分辨許多的「輕重緩急」，在決定前的思考與顧慮也顯得更成熟與清晰。

所以，我鼓勵家長們、老師們多多練習「要求」孩子做選擇，讓他能勇敢面對人生。

每個孩子都有小特別

作者：林煜涵

封面設計：Benben
美術設計：羽夏

總編輯：廖之韻
創意總監：劉定綱
執行編輯：錢怡廷

出版：奇異果文創事業有限公司
電話：（02）23684068
傳眞：（02）23685303
網址：https://www.facebook.com/kiwifruitstudio
電子信箱：yunkiwi23@gmail.com

總經銷：紅螞蟻圖書有限公司
電話：（02）27853656
傳眞：（02）27854100
地址：台北市內湖區舊宗路二段 121 巷 19 號

初版：2023 年 11 月 6 日
ISBN：978-626-97089-4-9
定價：新台幣 320 元